高职高专路桥类专业规划教材

GAOZHI GAOZHUAN LUQIAOLEI ZHUANYE GUIHUA JIAOCAI

道路CAD

王　磊　郭景全　主　编

于澜涛　副主编

刘求龙　耿　巍　王明辉　参　编

中国电力出版社

www.cepp.com.cn

本书以 AutoCAD 2008 中文版软件为平台，内容包括 AutoCAD 概述，创建基本二维图形对象，编辑图形对象，辅助绘图命令，创建复杂二维图形对象，文字、表格和尺寸标注，道路路线图绘制实例，桥梁工程图绘制实例及三维建模基础与应用等。

本书突出实用性，强调理论知识与实际操作紧密结合，引用了大量道路工程制图典型实例，具有较强的可操作性，适合各级职业院校道路桥梁工程技术专业及相关专业师生使用，也可供相关专业工程技术人员学习参考。

图书在版编目（CIP）数据

道路 CAD/王磊，郭景全主编. —北京：中国电力出版社，2010.8（2015.1重印）
高职高专路桥类专业规划教材
ISBN 978 - 7 - 5123 - 0497 - 0

Ⅰ.①道… Ⅱ.①王… ②郭… Ⅲ.①道路工程－计算机辅助设计－应用软件，AutoCAD－高等学校：技术学校－教材 Ⅳ.①U412.6

中国版本图书馆 CIP 数据核字（2010）第 103637 号

中国电力出版社出版发行
北京市东城区北京站西街 19 号　100005　http://www.cepp.com.cn
责任编辑：王晓蕾　　责任印制：甄　苗　　责任校对：李　亚
北京丰源印刷厂印刷·各地新华书店经售
2010 年 8 月第 1 版·2015 年 1 月第 4 次印刷
787mm×1092mm　1/16·11 印张·262 千字
定价：**25.00** 元

前　言

计算机辅助设计（CAD）是随着计算机技术和计算机设备的飞速发展而产生的一门新兴学科，它是建立在近代计算机软、硬件技术和工程技术基础之上的交叉学科。最近十几年CAD技术及其应用得到了迅猛发展，已广泛进入了各个设计领域，并向传统的设计方法提出了严峻的挑战。在很多工程领域CAD已经部分或全部取代了手工设计，成为利用计算机辅助人工进行最佳工程设计的重要手段。目前，CAD技术已在各项工程设计领域的各个阶段得到广泛应用，显著提高了工程设计的质量，加速了设计进度，使工程建设项目达到方案优、投资省、工期短、效益好的要求。

AutoCAD软件是由美国Autodesk公司推出的通用计算机辅助设计软件。作为目前国内外最为大众化的CAD软件，AutoCAD在建筑、机械、轻工、电子等诸多行业得到了非常广泛的应用。然而由于AutoCAD功能强大，命令繁多，许多初学者不得要领，花费大量时间和精力学习了很多命令，但仍不能熟练地综合运用这些命令解决道路设计和绘图中的具体问题。

自1982年AutoCAD的第一个版本AutoCAD 1.0推出至今，Autodesk公司不断对其进行改进，已先后发布了20多个版本。本书基于目前使用最为广泛的AutoCAD 2008版本，针对道路工程制图的特点，结合大量典型工程实例，介绍了如何使用AutoCAD软件完成道路工程图样的绘制、编辑、标注、打印等工作。

为使读者能轻松上手，快速掌握本软件，本书在内容上不求面面俱到，但注重实用；适当采用了任务驱动方式编排，使其更具操作性。本书共分为9章，内容包括AutoCAD概述、创建基本二维图形对象、编辑图形对象、辅助绘图命令、创建复杂二维图形对象、文字、表格和尺寸标注、道路路线图绘制实例、桥梁工程图绘制实例、三维建模基础与应用。

参与本书编写工作的有南京交通职业技术学院郭景全（第1、4、9章）、王磊（第5、6章）、刘求龙（第7章，第8章的部分内容）、耿巍（第8章的部分内容），吉林交通职业技术学院于澜涛（第2章，第3章的部分内容），吉林宏通公路技术服务有限公司王明辉（第3章的部分内容）。全书由王磊统稿。

限于时间和编者水平，书中难免有不当之处，恳请各位读者批评指正。

编　者

目　　录

第 1 章　AutoCAD　概　述

AutoCAD 是美国 Autodesk 公司推出的，集二维绘图、三维设计、渲染及关联数据库管理和互联网通信功能为一体的计算机辅助设计与绘图软件。自 1982 年推出，二十多年来，从初期的 1.0 版本，经 2.6、R10、R12、R14、2000、2002、2004、2005、2006、2007 等多次典型版本更新和性能完善，现已发展到 AutoCAD 2008，在建筑、机械和电子等工程设计领域得到了大规模的应用，目前已成为微机 CAD 系统中应用最为广泛和普及的图形软件。

1.1　AutoCAD 的主要功能

1. 强大的二维绘图功能

AutoCAD 提供了一系列的二维图形绘制命令，可以方便地用各种方式绘制二维基本图形对象，如点、直线、圆、圆弧、矩形、正多边形、椭圆、样条曲线等，并可对指定的封闭区域填充以图案（如剖面线、非金属材料、涂黑、砖、砂石、渐变色填充等）。

2. 灵活的图形编辑功能

AutoCAD 提供了很强的图形编辑和修改功能，如删除、复制、镜像、阵列、移动、旋转、缩放、修剪、延伸、倒角、倒圆角等，可以灵活方便地对选定的图形对象进行编辑和修改。

3. 实用的辅助绘图功能

为了绘图的方便、规范和准确，AutoCAD 提供了多种绘图辅助工具，包括绘图区光标点的坐标显示、用户坐标系、捕捉、栅格、正交、对象捕捉等功能。

4. 方便的尺寸标注功能

利用 AutoCAD 提供的尺寸标注功能，用户可以定义尺寸标注的样式，为绘制的图形标注尺寸、尺寸公差、几何形状和位置公差，注写中文和西文字体。

5. 显示控制功能

AutoCAD 提供了多种方法来显示和观看图形。利用"缩放"及"鹰眼"功能可改变当前视口中图形的视觉大小，以便清晰地观察图形的全部或某一局部的细节；"扫视"功能相当于窗口不动，在窗口后面上、下、左、右移动一张图纸，以便观看图形的不同部分；利用"三维视图控制"功能可以选择视点和投影方向，显示轴测图、透视图或平面视图，消除三维显示中的隐藏线，实现三维动态显示等；利用"多视口控制"功能可将屏幕分成几个窗口，每个窗口可以单独进行各种显示并能定义独立的用户坐标系，重画或重新生成图形等。

6. 图层、颜色和线型设置管理功能

为了便于对图形进行组织和管理，AutoCAD 提供了图层、颜色、线型、线宽及打印样式设置功能，可以对绘制的图形对象赋予不同的图层，用户喜欢的颜色，所要求的线型、线宽及打印控制等对象特性，并且图层可以被打开或关闭、冻结或解冻、锁定或解锁。

7. 图块和外部参照功能

为了提高绘图效率，AutoCAD 提供了图块和对非当前图形的外部参照功能。利用该功能，可以将需要重复使用的图形定义成图块，在需要时以不同的基点、比例、转角插入到新绘制的图形中，或将外部及局域网上的图形文件以外部参照的方式链接到当前图形中。

8. 三维实体造型功能

AutoCAD 提供了多种三维绘图命令，如创建长方体、圆柱体、球体、圆锥体、圆环体、楔体等，以及将平面图形经回转和平移分别生成回转扫描体和平移扫描体等，通过对立体进行交、并、差等布尔运算，可以进一步生成更为复杂的形体。

AutoCAD 提供的三维实体编辑功能可以完成对实体的多种编辑，如倒角、倒圆角、生成剖面图和剖视图等。利用实体的查询功能可以方便地自动完成三维实体的质量、体积、质心、惯性矩等物理特性的计算。此外，借助于对三维图形的消隐或阴影处理，可以帮助增强三维显示效果。若为三维造型设置光源，并赋以材质，经渲染处理后，可获得像照片一样逼真的三维真实感效果图。

9. 幻灯演示和批量执行命令功能

在 AutoCAD 中可以将图形的某些显示画面生成幻灯片，以供对其进行快速显示和演播。可以建立脚本文件，如同 DOS 系统下的批处理文件一样，自动地执行在脚本文件中预定义的一组 AutoCAD 命令及其选项和参数序列，从而提高绘图的自动化成分。

10. 用户定制功能

AutoCAD 本身是一个通用的绘图软件，不针对某个行业、专业和领域，但其提供了多种用户化定制途径和工具，允许将其改造为一个适用于某一行业、专业或领域并满足用户个人习惯和喜好的专用设计和绘图系统。可以定制的内容包括：为 AutoCAD 的内部命令定义用户便于记忆和使用的命令别名，建立满足用户特殊需要的线型和填充图案，重组或修改系统菜单和工具栏，通过形文件建立用户符号库和特殊字体等。

11. 数据交换功能

在图形数据交换方面，AutoCAD 提供了多种图形图像数据交换格式和相应的命令，通过 DXF、IGES 等规范的图形数据转换接口，可以与其他 CAD 系统或应用程序进行数据交换。利用 Windows 环境的剪贴板和对象链接嵌入技术，可以极为方便地与其他 Windows 应用程序交换数据。此外，还可以直接对光栅图像进行插入和编辑。

12. 连接外部数据库功能

AutoCAD 能够将图形中的对象与存储在外部的数据库（如 dBASE、Oracle、Microsoft Access、SQL Server 等）中的非图形信息链接起来，从而能够减小图形的大小、简化报表并可编辑外部数据库。这一功能特别有利于大型项目的协同设计工作。

13. 用户二次开发功能

AutoCAD 提供了多种编程接口，支持用户使用内嵌或外部编程语言对其进行二次开发，以扩充 AutoCAD 的系统功能。可以使用的开发语言包括 AutoLISP、Visual Lisp、Visual C++（Object ARX）和 Visual Basic（VBA）等。

14. 网络支持功能

利用 AutoCAD 绘制的图形，可以在 Internet/Intranet 上进行图形的发布、访问及存取，为异地设计小组的网上协同工作提供了强有力的支持。

15. 图形输出功能

在 AutoCAD 中可以以任意比例将所绘图形的全部或部分输出到图纸或文件中，从而获得图形的硬拷贝或电子拷贝。

16. 完善而友好的帮助功能

AutoCAD 提供了方便的在线帮助功能，可以指导用户进行相关的操作，并帮助解决软件使用中遇到的各种技术问题。

1.2　AutoCAD 的安装和启动

1.2.1　安装 AutoCAD 2008 所需的系统配置

AutoCAD 所进行的大部分工作是图形处理，其中涉及大量的数值计算，因此对计算机系统的软、硬件环境有着较高的要求。下面列出的是运行 AutoCAD 2008 所需的最低软、硬件配置。

- 操作系统 Windows XP（Service Pack 2）或 Windows 2000（Service Pack 4）。
- 浏览器 Microsoft Internet Explorer 6.0 Service Pack 1（或更高版本）。
- Pentium III 或更高主频的 CPU（最低 800MHz）。
- 最低内存 128MB，推荐内存 512MB。
- 750MB 或更多的空余磁盘空间。
- 具有真彩色的 1024×768 VGA 或更高分辨率的显示器。
- 4 倍速以上光盘驱动器（仅用于软件安装）。
- 鼠标或其他定点设备。
- 其他可选设备，例如打印机、绘图仪、数字化仪、OpenGL 兼容三维视频卡，调制解调器或其他访问 Internet 的连接设备、网络接口卡等。

为了保证 AutoCAD 顺利运行和图形绘制与显示的速度和效果，建议采用更高的配置，以提高工作效率。

1.2.2　安装前的准备工作

（1）检查计算机系统的硬件配置和软件安装是否满足 AutoCAD 2008 所需的最低配置要求。

（2）启动 Windows 系统。

（3）关闭其他所有正在运行的应用程序（包括防病毒程序）。

（4）把 AutoCAD 2008 的安装光盘放入光盘驱动器。

1.2.3　安装过程

下面以在 Windows XP 下安装 AutoCAD 2008 中文版为例，介绍 AutoCAD 的安装过程，整个过程大约需要十几分钟。

AutoCAD 2008 的安装界面风格与其他 Windows 应用软件相似，安装程序具有智能化的安装向导，操作非常方便，用户只需一步一步按照屏幕上的提示操作即可完成整个安装过程。

软件安装光盘上带有自动安装程序 Autorun，将 AutoCAD 2008 的安装光盘放入光驱，系统将自动运行该安装程序。

（1）屏幕上首先出现如图 1-1（a）所示的安装向导界面。

（2）单击其中的"安装产品"，在图 1-1（b）所示的界面中单击"下一步"按钮后将弹出如图 1-2 所示的选择安装产品界面；单击"下一步"按钮。

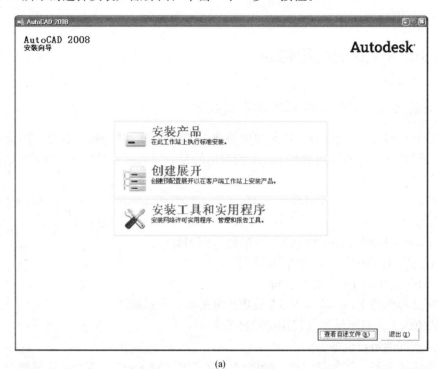

(a)

(b)

图 1-1　安装向导界面

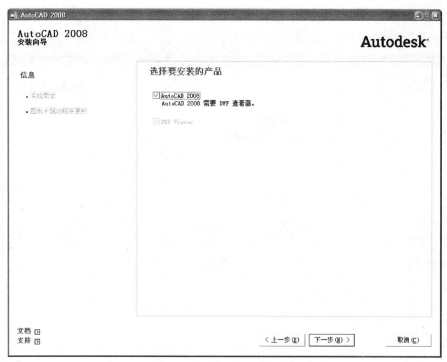

图 1-2　选择安装产品界面

（3）弹出如图 1-3 所示的"接受许可协议"界面。在该界面中，首先选中"我接受"单选按钮，然后单击"下一步"按钮。

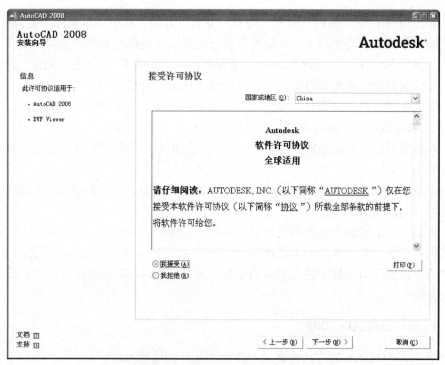

图 1-3　"接受许可协议"界面

(4) 弹出如图1-4所示的"个性化产品"界面。依次输入姓氏、名字、组织等信息，单击"下一步"按钮。

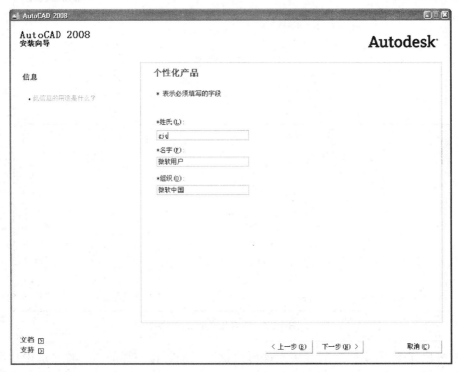

图1-4   "个性化产品"界面

(5) 弹出如图1-5所示的"查看-配置-安装"界面，从中可对软件安装的具体内容、在硬盘上的具体位置、使用的文字编辑器等进行设置。默认情况下为"典型"安装，安装位置为C盘，使用的文字编辑器为Windows系统提供的"记事本"，单击"配置"按钮可对软件进行选择性安装和修改配置设置。一般可选择"典型"安装。

(6) 完成配置后单击"安装"按钮，系统将开始安装AutoCAD 2008的文件，并通过如图1-6所示的安装进程界面给出安装进程提示。

(7) 安装完成后，弹出如图1-7所示的"安装完成"界面，单击"完成"按钮，并重新启动计算机。

正确安装AutoCAD 2008中文版后，会在计算机的桌面上自动生成AutoCAD 2008中文版快捷图标，如图1-8所示。

第一次启动AutoCAD 2008中文版时，将弹出如图1-9所示的"AutoCAD 2008产品激活"对话框；选中"激活产品"单选按钮，然后单击"下一步"按钮；在弹出的如图1-10所示的"现在注册"对话框中输入产品的序列号及从Autodesk公司获得的激活码，即可完成产品的注册。

1.2.4 启动 AutoCAD 2008

启动AutoCAD 2008的方法很多，下面介绍几种常用的方法。

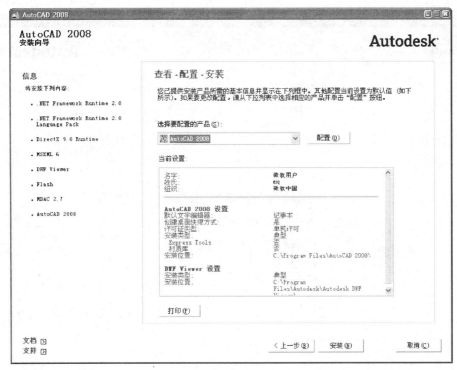

图 1-5　"查看—配置—安装"界面

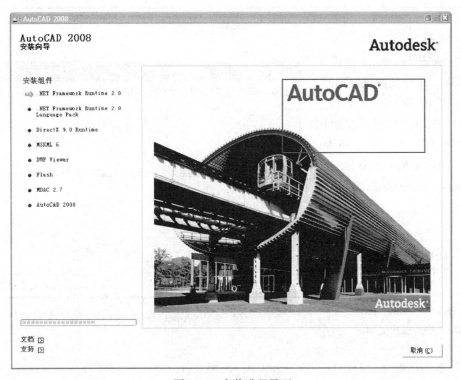

图 1-6　安装进程界面

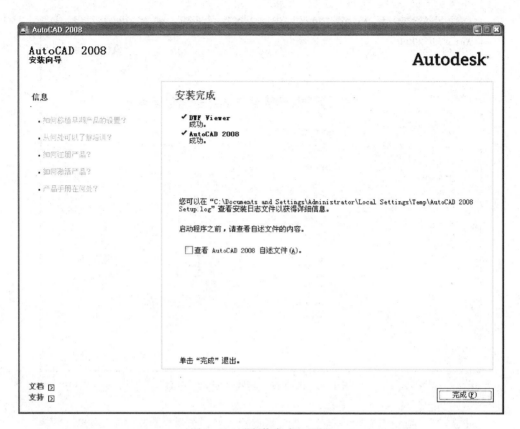

图 1 - 7　"安装完成"界面

（1）双击 Windows 桌 面 上 AutoCAD 2008 中文版快捷图标。

（2）单击 Windows 桌面左下角的"开始"按钮，在弹出的菜单中选择"程序"→Autodesk→AutoCAD 2008-Simplified Chinese→AutoCAD 2008。

AutoCAD 2008
- Simplified
Chinese

图 1 - 8　AutoCAD
2008 中文版快捷图标

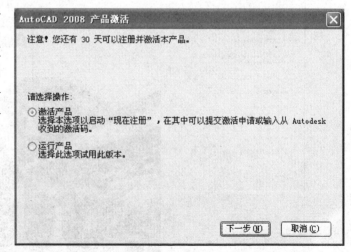

图 1 - 9　"AutoCAD 2008 产品激活"对话框

（3）双击已经存盘的任意一个 AutoCAD 图形文件（＊．dwg 文件）。

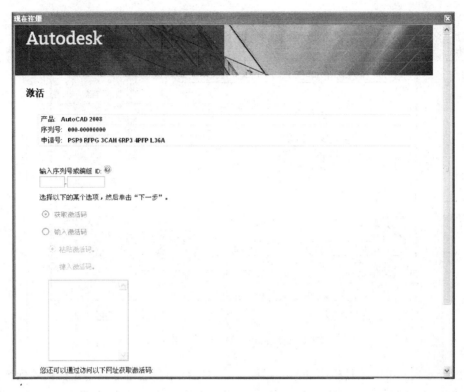

图 1 - 10　"现在注册"对话框

1.3　AutoCAD 2008 的用户界面

启动 AutoCAD 2008 后，即出现如图 1 - 11 所示的用户界面，主要由标题栏、菜单栏、各种工具栏、绘图窗口、十字光标、坐标系图标、滚动条、选项卡控制栏、命令窗口、状态栏、面板等组成，下面分别介绍。针对不同类型绘图任务的需要，AutoCAD 2008 提供了三种工作空间环境：二维草图与注释、AutoCAD 经典、三维建模。如图 1 - 11 所示为"二维草图与注释"工作空间界面，"AutoCAD 经典"和"三维建模"工作空间界面如图 1 - 12 所示。三种工作空间的主要区别在于所打开的工具栏和工具选项板不同，此处不再逐一详述。

1. 标题栏

标题栏位于工作界面的最上方，和一般的软件标题栏相似，其左端显示软件的图标、名称、版本级别以及当前图形的文件名称，右端的按钮可用于最小化、最大化或者关闭 Auto-CAD 的工作界面。

2. 菜单栏

菜单栏位于标题栏的下方，包括"文件"、"编辑"、"视图"、"插入"、"格式"、"工具"、"绘图"、"标注"、"修改"、"窗口"和"帮助"11 个主菜单项。单击任一主菜单项，屏幕将弹出其下拉菜单。通过选择下拉菜单中的选项即可执行相应的命令。

3. 工具栏

工具栏是一组图标型工具的集合，它为用户提供了另一种调用命令和实现各种绘图操作

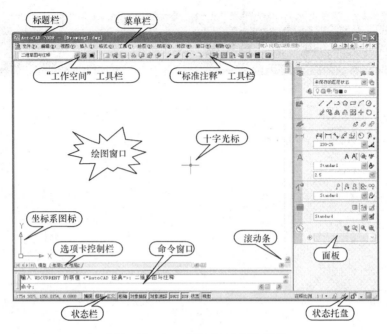

图 1-11　AutoCAD 2008 工作界面

的快捷执行方式。单击工具栏中的某一图标，即可执行相应的命令。当光标移动到工具栏图标上停留片刻，图标旁边将出现相应的命令提示，同时在状态栏中显示出该命令的功能介绍。

　　AutoCAD 2008 提供了分类详细的工具栏，默认状态下，其工作界面只显示了部分工具栏，用户可以根据需要调用其他工具栏。将鼠标移动到任意工具栏图标上单击右键，在弹出的快捷菜单中单击工具栏名称即可打开或关闭相应的工具栏，如图 1-13 所示。

　　另外，AutoCAD 工作界面中的所有工具栏都可以用鼠标拖动到工作界面的任意位置。

4. 绘图窗口、十字光标、坐标系图标、滚动条

　　绘图窗口是用户利用 AutoCAD 绘制图形的重要区域，类似于手工绘图的图纸。

　　鼠标箭头在绘图窗口内以十字光标的形式显示，十字光标随着位置的不同或当前操作任务的不同而显示为不同的形状，以反映不同的操作状态。十字光标主要用于执行绘图、选择对象等操作。十字光标的大小可通过 OPTIONS 命令自行设置。

　　绘图窗口的左下角是坐标系图标，它主要用来显示当前使用的坐标系及坐标的方向。用户可以通过 UCSICON 命令控制其大小、颜色、形式、位置以及是否显示等。

　　在 AutoCAD 中绘制图形，可以采用两种坐标系：

　　（1）世界坐标系（WCS）：这是用户刚进入 AutoCAD 时的坐标系统，是固定的坐标系统，绘制图形时多数情况下都是在这个坐标系统下进行的。

　　（2）用户坐标系（UCS）：这是用户利用 UCS 命令相对于世界坐标系重新定位、定向的坐标系。在默认情况下，当前 UCS 与 WCS 重合。

　　滚动条位于绘图窗口的右侧和底边，按住鼠标左键并拖动滚动条，可以使图样沿水平或竖直方向移动。

(a)

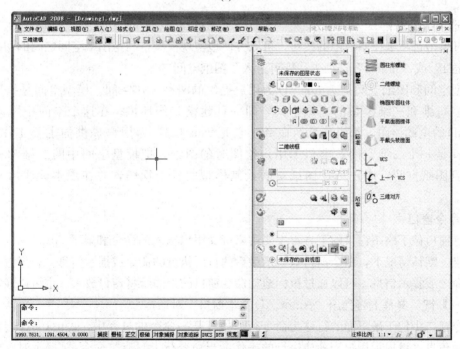

(b)

图 1-12　工作空间界面

（a）"AutoCAD 经典"界面；（b）"三维建模"界面

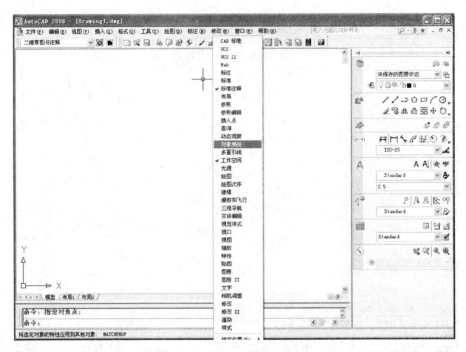

图 1-13   打开或关闭工具栏

5. 选项卡控制栏

通过单击选项卡控制栏中的按钮，可以方便地实现模型空间与图纸空间之间的切换。单击 "布局 1" 或 "布局 2" 选项卡，即可进入了图纸空间。

模型空间和图纸空间是 AutoCAD 为用户提供的两种工作空间。模型空间是指可以在其中建立二维和三维模型的三维空间，即一种建模工作环境。在这个空间中可以使用 AutoCAD 的全部绘图、编辑、显示命令，它是 AutoCAD 为用户提供的主要工作空间。图纸空间是一个二维空间，类似于用户绘图时的图纸，把模型空间中的二维和三维模型投影到图纸空间，用户可在图纸空间绘制模型的各个视图，并在图中标注尺寸和注写文字。

6. 命令窗口

命令窗口位于绘图窗口的下方，主要用来接受用户输入的命令和显示 AutoCAD 系统的提示信息。默认情况下，命令窗口只显示最后两行所执行的命令或提示信息。若想查看以前输入的命令或提示信息，可以通过鼠标拖动命令窗口的上边缘将窗口放大。也可以在键盘上按下【F2】键，屏幕上将弹出 "AutoCAD 文本窗口" 对话框。

命令窗口中位于最下面的行称为命令行。执行某一命令的过程中，AutoCAD 会在此行给出提示信息，以提示用户当前应进行的操作。当命令行上只有 "命令:" 提示时，可通过键盘输入新的命令。

7. 状态栏和状态托盘

状态栏位于 AutoCAD 工作界面的最下边，包括坐标显示栏和状态设置栏两部分，主要用来显示当前的绘图状态。其中坐标显示栏用于实时显示当前十字光标所在的位置

（坐标）。在坐标显示栏上单击鼠标左键可以打开或关闭坐标的实时显示。状态控制栏用于控制绘图时是否打开栅格捕捉、栅格显示、正交、极轴、对象捕捉、对象追踪等功能以及是否打开动态输入选项等。关于状态控制栏的具体功能和设置方法将在后面章节做具体介绍。

状态托盘位于界面的右上角和右下角，其中关于对注释性对象的设置为 AutoCAD 新增的一项功能。通信中心、工具栏/窗口位置锁定、全屏显示、收藏夹等信息图标也在其中显示。

1.4　AutoCAD 的命令和系统变量

AutoCAD 的操作过程由 AutoCAD 的命令控制。AutoCAD 的系统变量是设置与记录 AutoCAD 运行环境、状态和参数的变量。

AutoCAD 的命令名和系统变量名均为西文，如命令 LINE（直线）、CIRCLE（圆）等，系统变量 TEXTSIZE（文字高度）、THICKNESS（对象厚度）等。

1.4.1　命令的调用方法

AutoCAD 命令主要可以通过四种途径来执行：键盘命令输入、菜单选项输入、工具栏按钮输入、动态输入。

1. 键盘命令输入

AutoCAD 所有命令都可以通过键盘输入，并且所有的命令均不分大小写。AutoCAD 的一些不常用的命令可能在工具栏或菜单选项中无法找到，这时可以通过键盘直接输入命令来完成。对命令提示中必须输入的参数也主要是通过键盘输入。

为了提高命令的输入速度，大部分的 AutoCAD 命令在通过键盘输入时均可采用缩写形式（即命令别名），如直线绘制命令“LINE”可以缩写为“L”。

2. 菜单选项输入

通过鼠标单击下拉菜单中的命令选项可执行 AutoCAD 的大部分命令，执行方法和其他 Windows 应用软件相同。

菜单选项输入命令还包括通过单击鼠标右键打开快捷菜单执行命令。在 AutoCAD 界面的不同位置单击鼠标右键会打开不同的快捷菜单，通过选择相应的菜单项可以执行对应的命令。

3. 工具栏按钮输入

即通过单击工具栏上的图标按钮执行相应的命令。这种命令输入方法方便、快捷，但需要将待用的工具栏调出。

4. 动态输入

动态输入类似于键盘命令输入，使用动态输入方式可以直接在工作状态下，在光标后的窗口中键入命令或参数而不必在命令行中进行输入。动态输入可以通过单击状态栏中的 DYN 按钮来打开或关闭。

1.4.2 命令及系统变量的有关操作

1. 命令的取消

在命令执行的任何时刻都可以用 Esc 键取消和终止命令的执行。

2. 命令的重复使用

若在一个命令执行完毕后欲再次重复执行该命令，可在命令行中的"命令："提示下按 Enter 键或空格键。

3. 命令选项

当命令执行后，AutoCAD 会出现对话框或命令行提示，在命令行提示中常会出现一些命令选项，如：

命令:CIRCLE↙(符号"↙"在本书中代表按 Enter 键)
指定圆的圆心或 [三点(3P)/两点(2P)/相切、相切、半径(T)]:

前面不带中括号的提示为默认选项，因此可直接输入圆心坐标。若要选择其他选项，则应先输入该选项的标示字符，如"三点"选项的"3P"，然后按系统提示输入数据。若选项提示行的最后带有尖括号，则尖括号中的内容为当前值。

4. 透明命令的使用

有的命令不仅可以在命令行中使用，而且可以在其他命令执行的过程中插入执行，该命令结束后原命令继续执行。

例如：

命令:CIRCLE↙
指定圆的圆心或 [三点(3P)/两点(2P)/相切、相切、半径(T)]:'zoom/(透明使用"显示缩放"命令)
≫…(执行 ZOOM 命令)
正在恢复执行 CIRCLE 命令
指定圆的圆心或 [三点(3P)/两点(2P)/相切、相切、半径(T)]:(继续执行原命令)

不是所有命令都能透明使用，可以透明使用的命令在透明使用时要加前缀"'"。使用透明命令也可以从菜单或工具栏中选取。

5. 命令的执行方式

有的命令有两种执行方式：通过对话框或通过命令行输入命令。如指定使用命令行方式，可以在命令名前加一减号来表示用命令行方式执行该命令，如－LAYER。

6. 系统变量的访问方法

访问系统变量可以直接在命令提示下输入系统变量名或选择命令，也可以使用专用命令 SETVAR。

1.4.3　数据的输入方法

1. 点的输入

绘图过程中，常需要输入点的位置，AutoCAD 提供了如下几种输入点的方式。

（1）用键盘直接在命令行中输入点的坐标。

点的坐标可以用直角坐标、极坐标、球面坐标或柱面坐标表示，其中直角坐标和极坐标最为常用。

直角坐标有两种输入方式：X，Y［，Z］（点的绝对坐标值。例如：100，50）和@X，Y［，Z］（相对于上一点的相对坐标值。例如：@50，－30）。坐标值均相对于当前的用户坐标系。

极坐标的输入方式为：长度＜角度（其中，长度为点到坐标原点的距离，角度为原点至该点连线与 X 轴的正向夹角。例如：30＜45）或@长度＜角度（相对于上一点的相对极坐标。例如：@50＜－30）。

（2）用鼠标等定标设备移动光标单击在屏幕上直接取点。

通过移动鼠标控制光标，当光标到达指定的位置后，单击鼠标左键即可。但是仅仅使用光标定位往往不够精确，可借助绘图辅助工具帮助定位，从而保证绘图精度。关于绘图辅助工具的使用将在后续章节再作介绍。

（3）直接距离输入。

先通过拖拉光标确定方向，然后用键盘输入距离。

（4）使用过滤法得到点。

2. 距离值的输入

在 AutoCAD 命令中，有时需要提供长度、高度、宽度、半径等距离值。AutoCAD 提供了两种输入距离的方式：一种是用键盘在命令行中直接输入数值；另一种是在屏幕上选择两点，以两点的距离值定出所需数值。

1.5　AutoCAD 的文件命令

对于 AutoCAD 图形，AutoCAD 提供了一系列图形文件管理命令。

1.5.1　新建文图形文件

1. 命令

- 命令行输入：NEW。
- 菜单命令："文件"→"新建"。
- 图标按钮："标准"工具栏□。

2. 说明

打开如图 1-14 所示"选择样板"对话框，可从"名称"列表框中选择基础图形样板文件（也可以从"打开"按钮右侧的下拉列表框中选择"无样板打开—公制"，如图 1-15 所示），然后单击"打开"按钮，则系统以默认的 drawing2.dwg 为文件名开始一幅新图的绘制。

图 1-14 "选择样板"对话框   图 1-15 "打开"选项面板

1.5.2 打开已有的图形文件

1. 命令

- 命令行输入：OPEN。
- 菜单命令："文件" → "打开"。
- 图标按钮："标准"工具栏 。

2. 说明

打开如图 1-16 所示的"选择文件"对话框。选择需要打开的图形文件，单击"打开"按钮即可。

图 1-16 "选择文件"对话框

1.5.3　快速保存文件

1. 命令

- 命令行输入：QSAVE。
- 菜单命令："文件"→"保存"。
- 图标按钮："标准"工具栏 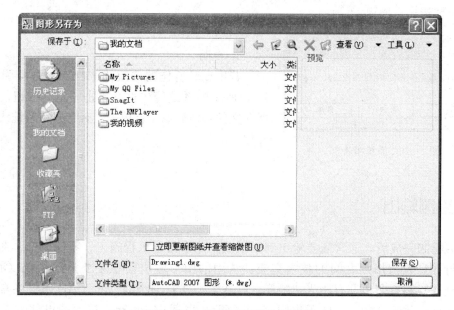 。

2. 说明

若文件已命名，则 AutoCAD 自动保存；若文件未命名（即为默认名 drawing1.dwg）则弹出"图形另存为"对话框（图 1-17），用户可以命名保存。

图 1-17　"图形另存为"对话框

1.5.4　另存文件

1. 命令

- 命令行输入：SAVEAS。
- 菜单命令："文件"→"另存为"。

2. 说明

调用"图形另存为"对话框，AutoCAD 用另存名保存，并把当前图形更名。

1.5.5　同时打开多个图形文件

在一个 AutoCAD 任务下可以同时打开多个图形文件。方法是在"选择文件"对话框中，按下 Ctrl 键的同时选中几个要打开的文件，然后单击"打开"按钮即可。也可以从 Windows 资源管理器把多个图形文件导入 AutoCAD 任务中。

若欲将某一打开的文件设置为当前文件，只需要单击该文件的图形区域即可。也可以通过组合键 Ctrl＋F6 或 Ctrl＋Tab 在已打开的不同图形文件之间切换。

同时打开多个图形文件的功能为重用已有的设计成果及在不同图形文件间复制图形对象提供了方便。

1.5.6 退出 AutoCAD

结束 AutoCAD 作业后应正常退出 AutoCAD。

1. 命令
- 命令行输入：QUIT。
- 菜单命令："文件"→"退出"。
- 图标按钮：标题栏 ☒ 。

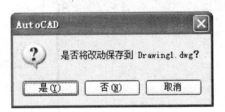

图 1－18 系统警告框

2. 说明
若用户对所作的修改尚未保存，则会弹出如图 1－18 所示的系统警告框。单击"是"按钮，系统将保存文件，然后退出；单击"否"按钮系统将不保存文件。

1.6 绘图输出

图形绘制完成后，通常需要输出到图纸上，用来指导工程施工、零件加工、部件装配以及进行设计者与用户之间的技术交流。常用的图形输出设备主要是绘图仪（有喷墨、笔式等型式）和打印机（有激光、喷墨、针式等型式）。此外，AutoCAD 还提供有一种网上图形输出和传输方式——电子出图（ePLOT），以适应 Internet 技术的迅猛发展和日益普及。

1. 命令
- 命令行输入：PLOT。
- 菜单命令："文件"→"打印"。
- 图标按钮："标准"工具栏 🖨 。

2. 功能
将图形打印到绘图仪、打印机或文件。

3. 对话框及说明
弹出如图 1－19 所示的"打印—模型"对话框，从中可配置打印设备和进行绘图输出的打印设置。

单击对话框左下角的"预览"按钮，可以预览图形的输出效果。若不满意，可对打印参数进行调整。最后，单击"确定"按钮即可将图形打印输出。

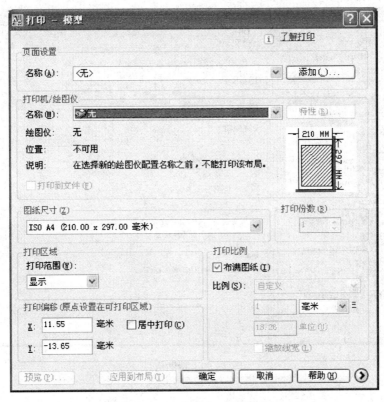

图 1-19　"打印—模型"对话框

1.7　AutoCAD 的在线帮助

1. 命令
- 命令行输入：HELP 或 ?。
- 菜单命令："帮助" → "帮助"。
- 图标按钮："标准"工具栏 ⬚。

2. 说明

HELP 命令可透明使用，即在其他命令执行过程中可查询该命令的帮助信息。帮助命令主要有两种应用。

（1）在命令执行过程中调用在线帮助。例如，执行 LINE 命令，在出现"指定第一点："提示时单击"帮助"按钮，则在弹出的"AutoCAD 2008 帮助"窗口中自动出现与 LINE 命令有关的帮助信息。关闭该窗口则可继续执行未完成的 LINE 命令。

（2）在命令提示下，直接检索与命令或系统变量有关的信息。例如，欲查询 LINE 命令的帮助信息，可以单击"帮助"按钮，在"索引"选项卡中输入 LINE，则 AutoCAD 自动定位到 LINE 命令，并显示与 LINE 命令有关的帮助信息（图 1-20）。

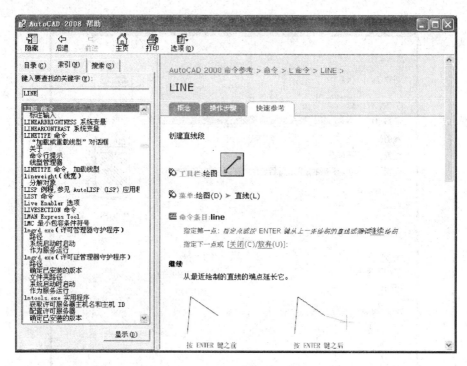

图 1-20　帮助信息

第2章 创建基本二维图形对象

任何复杂的图形都可以看作是由直线、圆弧等基本的图元所组成的，在 AutoCAD 中绘图也是如此，掌握这些基本图元的绘制方法是学习 AutoCAD 的基础。本章将介绍 AutoCAD 的二维绘图命令。

绘图命令汇集在"绘图"菜单中，且在"绘图"工具栏中，包括了本章介绍的绘图命令，如图 2-1 所示。

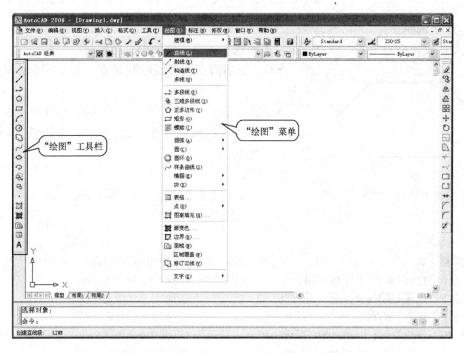

图 2-1 "绘图"菜单与"绘图"工具栏

2.1 绘制直线、构造线和射线

2.1.1 绘制直线

1. 命令
- 命令行输入：LINE（缩写名：L）。
- 菜单命令："绘图"→"直线"。
- 图标按钮："绘图"工具栏 ✏。

2. 功能

绘制直线段、折线段或闭合多边形等，其中每一线段均是一个独立的对象。

3. 格式

命令：LINE↙

指定第一点：(输入起点或按 Enter 键从上一条绘制的直线或圆弧继续绘制)

指定下一点或［放弃(U)］：(输入直线段端点)

指定下一点或［放弃(U)］：(输入下一直线段端点、输入选项"U"放弃或按 Enter 键结束命令)

指定下一点或［闭合(C)/放弃(U)］：(输入下一直线段端点、输入选项"C"使图形闭合、输入选项"U"放弃或按 Enter 键结束命令)

----

4. 选项说明

• U：放弃刚画出的一段直线段，退回到上一点，继续画直线段。

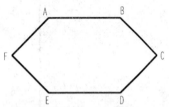

• C：从当前点画直线段到起点，形成闭合多边形，结束命令。

• 在命令提示"指定第一点："时，按 Enter 键，指从刚画完的线段开始画直线段，如刚画完的是圆弧，则新直线段与圆弧相切。

图 2-2　用 Line 命令绘制六边形

5. 实例

用 LINE 命令绘制如图 2-2 所示的六边形。

命令：LINE↙

指定第一点：　　　　　　　　　　　　　　　　(在绘图区用光标确定一点 A)

指定下一点或［放弃(U)］：@10,0↙　　　　　　(用相对坐标指定 B 点)

指定下一点或［放弃(U)］：@5,-5↙　　　　　　(用相对坐标指定 C 点)

指定下一点或［闭合(C)/放弃(U)］：@-5,-5↙　(用相对坐标指定 D 点)

指定下一点或［闭合(C)/放弃(U)］：@-10,0↙　(用相对坐标指定 E 点)

指定下一点或［闭合(C)/放弃(U)］：@-5,5↙　　(用相对坐标指定 F 点)

指定下一点或［闭合(C)/放弃(U)］：c↙　　　　(封闭六边形并结束命令)

2.1.2　绘制构造线

1. 命令

• 命令行输入：XLINE (缩写名：XL)。

• 菜单命令："绘图"→"构造线"。

• 图标按钮："绘图"工具栏 ╱。

2. 功能

创建过指定点的双向无限长直线。指定点称为根点，可用中点捕捉拾取该点。这种线模拟手工作图中的辅助作图线，它们用特殊的线型显示，在绘图输出时可不作输出。常用于辅助作图。

3. 格式

命令:XLINE↙

指定点或［水平(H)/垂直(V)/角度(A)/二等分(B)/偏移(O)］:(给出根点)

指定通过点:(给定通过点,画一条双向无限长直线)

指定通过点:［继续给点,继续画线,如图 2-3(a)所示,按 Enter 键结束命令］

---

4. 选项说明

• 水平（H）：给出通过点，画出水平线，如图 2-3（b）所示。

• 垂直（V）：给出通过点，画出铅垂线，如图 2-3（c）所示。

• 角度（A）：指定直线 1 和夹角 α 后，给出通过点，画出和 1 具有夹角 α 的参照线，如图 2-3（d）所示。

• 二等分（B）：指定角顶点 1 和角的一个端点 2 后，指定另一个端点 3，则过点 1 画出∠213 的平分线，如图 2-3（e）所示。

• 偏移（O）：指定直线 1 后，给出点 2，则通过点 2 画出直线 1 的平行线，如图 2-3（f）所示，也可以指定偏移距离画平行线。

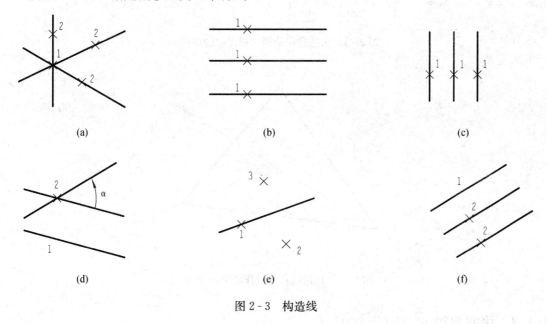

图 2-3　构造线

5. 应用

下面为利用构造线进行辅助几何作图的两个例子。

如图 2-4 所示为应用构造线作为辅助线绘制多面正投影图中的三视图的绘图实例，构造线的应用保证了三视图之间"长对正、高平齐、宽相等"的对应关系。

如图 2-5 所示为通过求出三角形∠A 和∠B 的两条平分线来确定其内切圆心 1。

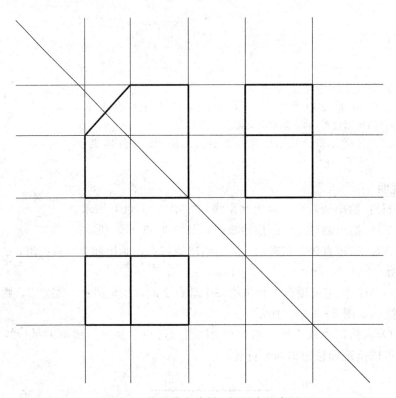

图 2-4　构造线在绘制三视图中的应用

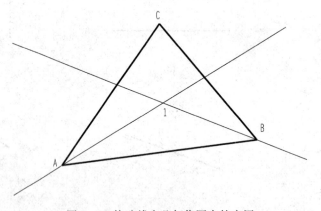

图 2-5　构造线在几何作图中的应用

2.1.3　绘制射线

1. 命令

- 命令行输入：RAY。
- 菜单命令："绘图"→"射线"。

2. 功能

通过指定点，画单向无限长直线。与上述构造线一样，通常作为辅助作图线。

3. 格式

- -

命令：RAY↙

指定起点：(给出起点)

指定通过点：(给出通过点，画出射线)

指定通过点：(过起点画出另一条射线，按 Enter 键结束命令)

- -

2.2　绘制矩形和正多边形

AutoCAD 提供了绘制矩形和正多边形的命令，它们都由多段线创建而成。

2.2.1　绘制矩形

1. 命令

- 命令行输入：RECTANG（缩写名：REC）。
- 菜单命令："绘图" → "矩形"。
- 图标按钮："绘图" 工具栏 ▭ 。

2. 功能

画矩形，默认时底边与 X 轴平行，可带倒角、圆角等。

3. 格式

- -

命令：RECTANG↙

指定第一个角点或 ［倒角(C)/标高(E)/圆角(F)/厚度(T)/宽度(W)］：［给出角点 1，见图 2-6(a)］

指定另一个角点或 ［面积(A)/尺寸(D)/旋转(R)］：［给出角点 2，见图 2-6(a)］

- -

4. 选项

- 倒角（C）：用于指定倒角举例，绘制带倒角的矩形，如图 2-6（b）所示。
- 标高（E）：用于指定矩形标高（Z 坐标），即把矩形画在标高为 Z，和 XY 平面平行的平面上，并作为后续矩形的标高值。
- 圆角（F）：用于指定圆角半径，绘制带圆角的矩形，如图 2-6（c）所示。
- 厚度（T）：用于指定矩形的厚度。
- 宽度（W）：用于指定线宽，如图 2-6（d）所示。

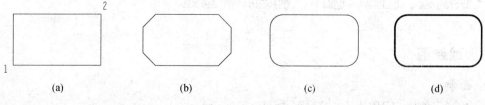

| (a) | (b) | (c) | (d) |

图 2-6　画矩形

- 面积（A）：用于指定矩形面积和矩形长度（或宽度）绘制矩形。
- 尺寸（D）：用于指定矩形的长度和宽度绘制矩形。
- 旋转（R）：用于绘制底边倾斜于 X 轴一定角度的矩形。

2.2.2 绘制正多边形

1. 命令

- 命令行输入：POLYGON（缩写名：POL）。
- 菜单命令："绘图"→"正多边形"。
- 图标按钮："绘图"工具栏 ⬠ 。

2. 功能

画边数为 3～1024 的正多边形，初始线宽为 0，可用 PEDIT 命令修改线宽。

3. 格式

- -

命令：POLYGON↙
输入边的数目＜4＞:5↙（给出边数 5）
指定正多边形的中心点或［边(E)］:（给出中心点 1）
输入选项［内接于圆(I)/外切于圆(C)］＜I＞:↙［选择"内接于圆"，见图 2-7(a)，如选"外切于圆(C)"，
见图 2-7(b)］
指定圆的半径:（给出半径）

- -

4. 说明

选项"边（E）"指提供一个边的起点 1 和端点 2，AutoCAD 按逆时针方向创建该正多边形，如图 2-7（c）所示。

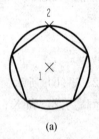

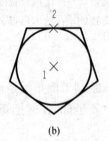

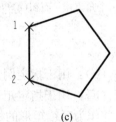

(a)   (b)   (c)

图 2-7 画正多边形

2.3 绘制圆、圆弧、圆环、椭圆和椭圆弧

2.3.1 绘制圆

1. 命令

- 命令行输入：CIRCLE（缩写名：C）。

- 菜单命令："绘图"→"圆"。
- 图标按钮："绘图"工具栏 ⊘ 。

2. 功能

画圆。

3. 格式

命令：CIRCLE ↙

指定圆的圆心或 [三点(3P)/两点(2P)/相切、相切、半径(T)]：(给定圆心或输入选项)

指定圆的半径或 [直径(D)]：(给定半径)

---

4. 使用菜单画圆

在"绘图"→"圆"级联菜单中列出了 6 种画圆的方法（图 2-8），选择其中之一，即可按该命令说明的顺序与条件画圆。需要说明的是，其中的"相切、相切、相切"画圆方式只能从此菜单中选取，在工具栏及命令行中均无对应的图标和命令。

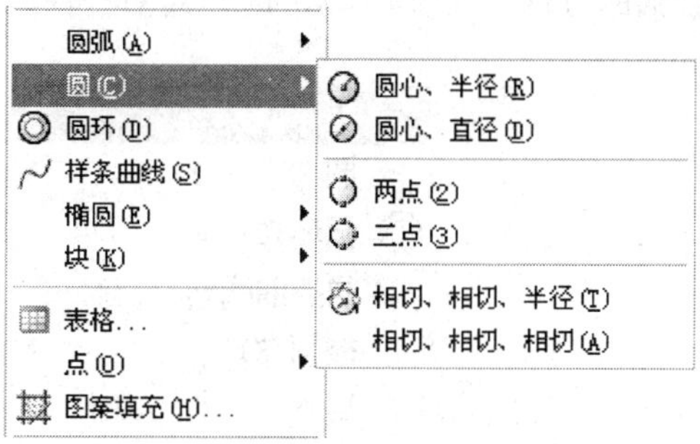

下面为"圆"子菜单中的命令。

- 圆心、半径。
- 圆心、直径。

图 2-8 "圆"子菜单

- 两点 [指定直径的两端点画圆，见图 2-9 (a)]。
- 三点 [给出圆上三点画圆，见图 2-9 (b)]。
- 相切、相切、半径 [先指定两个相切对象，后给出半径画圆，见图 2-9 (c)]。
- 相切、相切、相切 [指定三个相切对象画圆，见图 2-9 (d)]。

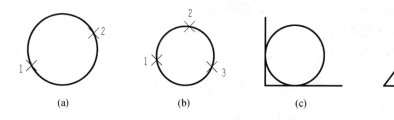

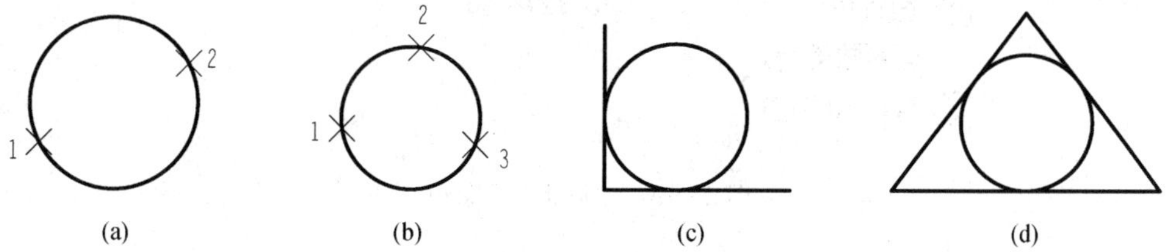

(a)   (b)   (c)   (d)

图 2-9 画圆示例

2.3.2 绘制圆弧

1. 命令

- 命令行输入：ARC（缩写名：A）。
- 菜单命令："绘图"→"圆弧"。
- 图标按钮："绘图"工具栏 ⌒ 。

2. 功能

画圆弧。

3. 格式

命令：ARC↙

指定圆弧的起点或［圆心(C)］:(给定起点)

指定圆弧的第二个点或［圆心(C)/端点(E)］:(给定第二点)

指定圆弧的端点:(给定端点)

----

4. 使用菜单画圆弧

在"绘图"→"圆弧"级联菜单中，按给出画圆弧的条件和顺序的不同，列出了 11 种画圆弧的方法（图 2-10），选择其中一种后，应按其顺序输入各项数据。现说明如下。

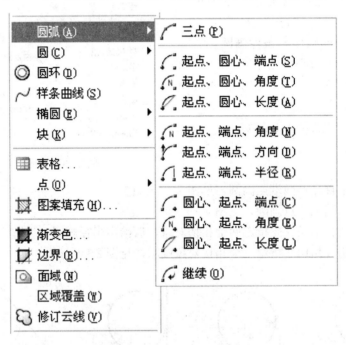

图 2-10 "圆弧"子菜单

• 三点（P）：给出起点、第二点、端点画圆弧，如图 2-11（a）所示。

• 起点、圆心、端点（S）：圆弧方向按逆时针，如图 2-11（b）所示。

• 起点、圆心、角度（T）：圆心角（α）逆时针为正，顺时针为负，如图 2-11（c）所示。

• 起点、圆心、长度（A）：圆弧方向按逆时针，弦长度（L）为正画出劣弧（小于半圆），弦长度（L）为负画出优弧（大于半圆），如图 2-11（d）所示。

• 起点、端点、角度（N）：圆心角（α）逆时针为正，顺时针为负，如图 2-11（e）所示。

• 起点、端点、方向（D）："方向"为起点处切线方向，如图 2-11（f）所示。

• 起点、端点、半径（R）：圆弧方向按逆时针，半径（R）为正画出劣弧（小于半圆），半径（R）为负画出优弧（大于半圆），如图 2 - 11（g）所示。

• 圆心、起点、端点（C）：按逆时针画圆弧，如图 2 - 11（h）所示。

• 圆心、起点、角度（E）：圆心角（α）逆时针为正，顺时针为负，如图 2 - 11（i）所示。

• 圆心、起点、长度（L）：圆弧方向按逆时针，弦长度（L）为正画出劣弧（小于半圆），弦长度（L）为负画出优弧（大于半圆），如图 2 - 11（j）所示。

• 继续（O）：与上一线段相切，继续画圆弧，仅提供端点即可，如图 2 - 11（k）所示。

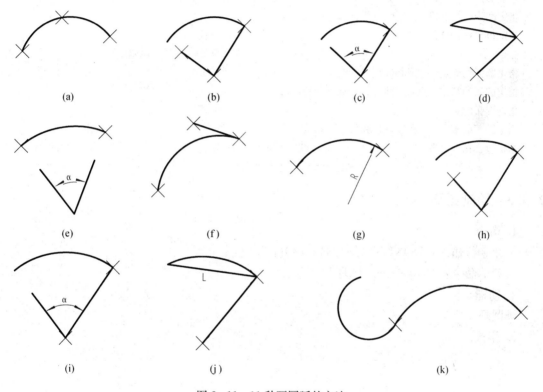

图 2 - 11 11 种画圆弧的方法

5. 实例

用 ARC 命令和 LINE 命令绘制图形，如图 2 - 12 所示。

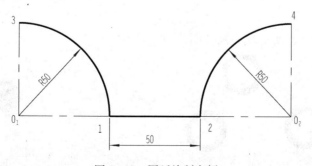

图 2 - 12 圆弧绘制实例

命令:LINE↙

指定第一点:0,0↙   (1 点)

指定下一点或 [放弃(U)]:50,0↙   (2 点)

指定下一点或 [放弃(U)]:↙   (按 Enter 键结束 LINE 命令)

命令:ARC↙

指定圆弧的起点或 [圆心(C)]:0,0↙   (1 点)

指定圆弧的第二个点或 [圆心(C)/端点(E)]:c↙

指定圆弧的圆心:-50,0↙   (O_1 点)

指定圆弧的端点或 [角度(A)/弦长(L)]:a↙

指定包含角:90↙

命令:↙   (重复执行画圆弧命令)

指定圆弧的起点或 [圆心(C)]:50,0↙   (2 点)

指定圆弧的第二个点或 [圆心(C)/端点(E)]:c↙

指定圆弧的圆心:100,0↙   (O_2 点)

指定圆弧的端点或 [角度(A)/弦长(L)]:a↙

指定包含角:-90↙

2.3.3　绘制圆环

1. 命令

- 命令行输入:DONUT (缩写名:DO)。
- 菜单命令:"绘图"→"圆环"。

2. 功能

画圆环。

3. 格式

命令:DONUT↙

指定圆环的内径 <10.0000>:(输入圆环内径或按 Enter 键)

指定圆环的外径 <20.0000>:(输入圆环外径或按 Enter 键)

指定圆环的中心点或 <退出>:[可连续画,按 Enter 键结束命令,如图 2-13(a)所示]

4. 说明

如内径为 0,则画出实心填充圆 [图 2-13 (b)]。

(a)　　　　　　　　　　　　　　　　　　　(b)

图 2-13　画圆环

2.3.4　绘制椭圆和椭圆弧

1. 命令

- 命令行输入：ELLIPSE（缩写名：EL）。
- 菜单命令："绘图"→"椭圆"。
- 图标按钮："绘图"工具栏 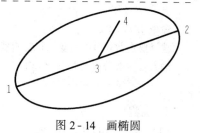 、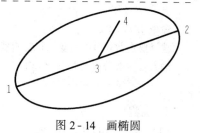 。

2. 功能

画椭圆，当系统变量 PELLIPSE 为 1 时，画由多线段拟合成的近似椭圆；当系统变量 PELLIPSE 为 0（默认值）时，创建真正的椭圆，并可画椭圆弧。

3. 格式

命令：ELLIPSE↙
指定椭圆的轴端点或［圆弧(A)/中心点(C)］：(给出轴端点 1，见图 2-14)
指定轴的另一个端点：(给出轴端点 2)
指定另一条半轴长度或［旋转(R)］：(给出另一半轴的长度 3→4，画出椭圆)

图 2-14　画椭圆

2.4　绘制点

2.4.1　点

1. 命令

- 命令行输入：POINT（缩写名：PO）。
- 菜单命令："绘图"→"点"→"单点"或"多点"。
- 图标按钮："绘图"工具栏 ▪ 。

2. 格式

命令：POINT↙
当前点模式：　PDMODE＝0　PDSIZE＝0.0000
指定点：(给出点所在位置)

3. 说明

(1) 单点只输入一个点，多点可输入多个点。

(2) 点在图形中的表示样式，共有 20 种。可通过命令 DDPTYPE 或选择"格式"→"点样式"命令，从弹出的"点样式"对话框中进行设置（图 2-15）。

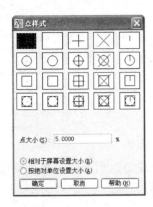

图 2-15 "点样式"对话框

2.4.2 绘制定数等分点

1. 命令
- 命令行输入：DIVIDE（缩写名：DIV）。
- 菜单命令："绘图"→"点"→"定数等分"。

2. 功能
在指定线（直线、圆、圆弧、椭圆、椭圆弧、多段线和样条曲线）上，按给出的等分线段数，设置等分点。

3. 格式

命令：DIVIDE↙

选择要定数等分的对象：(指定直线、圆、圆弧、椭圆、椭圆弧、多段线和样条曲线等等分对象)

输入线段数目或[块(B)]：(输入等分的段数，或选择 B 选项在等分点处插入图块)

4. 说明
（1）等分数范围 2~32767。

（2）在等分点处，按当前点样式设置画出等分点。

（3）在等分点处也可以插入指定的块（BLOCK）（见后续章节）。

如图 2-16（a）所示为在一条多段线上设置等分点（分段数为 5）的示例。

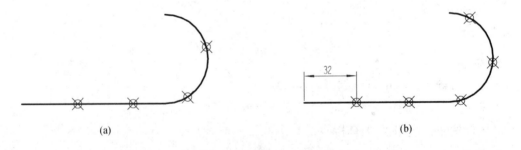

(a)   (b)

图 2-16 绘制定数等分点和定距等分点

2.4.3 绘制定距等分点

1. 命令
- 命令行输入：MEASURE（缩写名：ME）。
- 菜单命令："绘图"→"点"→"定距等分"。

2. 功能
在指定线上按给出的分段长度放置点。

3. 格式

命令：MEASURE ↙

选择要定距等分的对象：(指定直线、圆、圆弧、椭圆、椭圆弧、多段线和样条曲线等等分对象)

指定线段长度或 [块(B)]：(指定距离或输入 B)

---

4. 示例

如图 2-16（b）所示为在一条多段线上放置点，分段长度为 32，测量起点在直线的左端点处。

第3章 编辑图形对象

编辑图形是指对已有的图形对象进行移动、旋转、缩放、复制、删除及其他修改操作。AutoCAD 提供的图形编辑命令可以帮助用户合理构造与组织图形，保证作图的准确度，减少重复的绘图操作，从而提高设计与绘图效率。本章将介绍有关图形编辑的菜单、工具栏及二维图形编辑命令。

图形编辑命令集中在"修改"菜单中，有关图标集中在"修改"工具栏中（图 3-1）。

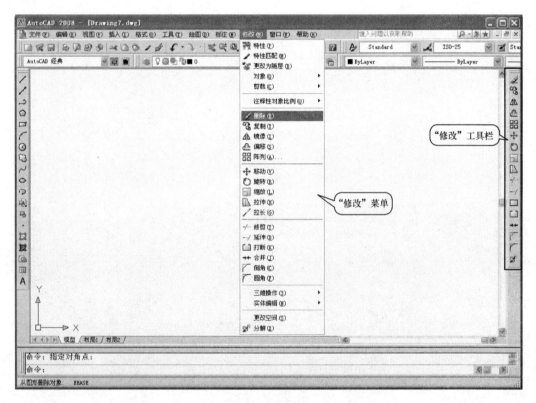

图 3-1 "修改"菜单和"修改"工具栏

3.1 构造选择集

编辑命令一般分两步进行。

（1）在已有的图形中选择编辑对象，即构造选择集。

（2）对选择集实施编辑操作。

输入编辑命令后出现如下提示。

选择对象：

　　然后便开始了构造选择集的过程。在选择过程中，选中的对象醒目显示（即改用虚线显示），表示已加入选择集。AutoCAD 提供了多种选择对象的方法，下面介绍常用的几种。

　　• 直接拾取对象：将拾取框"□"移动到对象上单击鼠标左键选中对象，单击一次鼠标只能选中一个对象。

　　• W：窗口方式，选择位于窗口内的所有对象。

　　• L：选择最后画出的对象。

　　• C：窗交方式，除选择位于窗口内的所有对象外，还包括与窗口四条边界相交的所有对象。

　　• BOX：框选方式，包含窗口和窗交两种方式。当拾取窗口的第一角点后，如用户指定的另一角点在第一角点的右侧，则按窗口方式选择对象；如在左侧，则按窗交方式选择对象。

　　• ALL：选择图中的全部对象（在冻结或加锁图层中的对象除外）。

　　• F：栏选方式，即画一条多段折线，像一个栅栏，与多段折线各边相交的所有对象被选中。

　　• R：把构造选择集的加入模式转换为从已选中的对象中移出对象的删除模式。其提示转化为如下形式。

删除对象：

　　在该提示下，也可使用直接拾取对象、开窗口等多种选择对象方式。

　　• A：把删除模式转化为加入模式，其提示恢复为如下。

选择对象：

　　• P：选择上一次生成的选择集。

　　• U：放弃前一次选择操作。

　　• 按 Enter 键：在"选择对象："或"删除对象："提示下，按 Enter 键响应，将完成构造选择集的过程，可对该选择集进行后续的编辑操作。

3.2　图形的删除和恢复

3.2.1　删除

1. 命令

　　• 命令行输入：ERASE（缩写名：E）。

- 菜单命令："修改"→"删除"。
- 图标按钮："修改"工具栏 ✐。

2. 格式

命令：ERASE↙

选择对象：(选对象)

选择对象：(继续选对象,或按 Enter 键删除所选对象)

3.2.2 恢复

1. 命令
- 命令行输入：OOPS。

2. 功能
恢复上一次用 ERASE 命令删除的对象。

3. 说明
OOPS 命令只对上一次 ERASE 命令有效，如使用 ERASE→LINE→CIRCLE→LAYER 操作顺序后，使用 OOPS 命令，则恢复用 ERASE 命令删除的对象，而不影响 LINE、CIR-CLE、LAYER 命令操作的结果。

3.3 利用已有图形创建新图形

3.3.1 复制

1. 命令
- 命令行输入：COPY (缩写名：CO、CP)。
- 菜单命令："修改"→"复制"。
- 图标按钮："修改"工具栏 ✎。

2. 功能
复制选定对象，可作多重复制。

3. 格式及示例

命令：COPY↙

选择对象：[构造选择集,如图 3-2(a)所示为选两正方形]

选择对象：↙(按 Enter 键,结束选择)

当前设置： 复制模式 = 多个

指定基点或 [位移(D)/模式(O)] <位移>：(定基点 A)

指定第二个点或 <使用第一个点作为位移>：(B点)

指定第二个点或 [退出(E)/放弃(U)] <退出>：(C点)

指定第二个点或［退出(E)/放弃(U)］＜退出＞:(D 点)
指定第二个点或［退出(E)/放弃(U)］＜退出＞:(按 Enter 键)

编辑结果如图 3-2（b）所示。

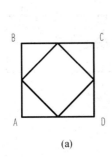
(a)

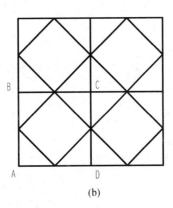
(b)

图 3-2　复制对象

(a) 复制前；(b) 复制后

3.3.2　镜像

1. 命令

- 命令行输入：MIRROR（缩写名：MI）。
- 菜单命令：“修改”→“镜像”。
- 图标按钮：“修改”工具栏 ⚏。

2. 功能

用轴对称方式对指定对象作镜像，该轴称为镜像线，镜像时可删除原图形，也可以保留原图形（镜像复制）。

3. 格式及示例

在图 3-3 所示图形中，欲将左边图形相对 AB 直线镜像出右边图形，则操作过程如下。

命令：MIRROR↙

选择对象:(构造选择集,在图 3-3 中选中左边的图形)

选择对象:↙(按 Enter 键,结束选择)

指定镜像线的第一点:(指定镜像线上的一点,如 A 点)

指定镜像线的第二点:(指定镜像线上的另一点,如 B 点)

要删除源对象吗?［是(Y)/否(N)］＜N＞:↙(按 Enter 键,不删除原图形)

----

4. 说明

在镜像时，镜像线是一条临时的参照线，镜像后并不保留。

在 AutoCAD 默认状态下，文字只作文本框的镜像，而文字仍然可读。若要将文字作完全镜像，需要将系统变量 MIRRTEXT 的值设置为 1。

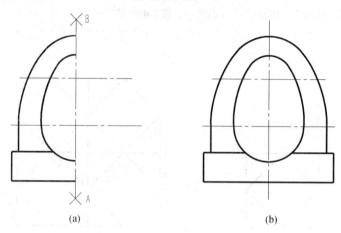

(a)   (b)

图 3 - 3   镜像复制

（a）镜像前；（b）镜像后

3.3.3   偏移

1. 命令

• 命令行输入：OFFSET（缩写名：O）。

• 菜单命令："修改"→"偏移"。

• 图标按钮："修改"工具栏 ⬚。

2. 功能

画出指定对象的偏移，即等距线。直线的等距线为平行等长线段；圆弧的等距线为同心圆弧，保持圆心角相同；多段线的等距线为多段线，其组成线段将自动调整，即其组成的直线段或弧线段将自动延伸或修剪，构成另一条多段线，如图 3 - 4 所示。

偏移直线   偏移圆弧   偏移多段线

图 3 - 4   偏移

3. 格式及示例

AutoCAD 用指定偏移距离和指定通过点两种方法来确定等距线位置，对应的操作顺序分别如下。

（1）指定偏移距离值，如图 3 - 5（a）所示。

- -

命令：OFFSET↙

当前设置：删除源＝否　图层＝源　OFFSETGAPTYPE＝0
指定偏移距离或［通过(T)/删除(E)/图层(L)］＜通过＞：5↙(偏移距离)
选择要偏移的对象,或［退出(E)/放弃(U)］＜退出＞:(指定对象,选择多段线 A)
指定要偏移的那一侧上的点,或［退出(E)/多个(M)/放弃(U)］＜退出＞:(用 B 点指定在外侧画等距线)
选择要偏移的对象,或［退出(E)/放弃(U)］＜退出＞:(继续进行或按 Enter 键结束)

————————————————————————————————

（2）指定通过点，如图 3-5（b）所示。

————————————————————————————————

命令：OFFSET↙
当前设置：删除源＝否　图层＝源　OFFSETGAPTYPE＝0
指定偏移距离或［通过(T)/删除(E)/图层(L)］＜5.0000＞：t↙(指定通过点方式)
选择要偏移的对象,或［退出(E)/放弃(U)］＜退出＞:(选定对象,选择多段线 A)
指定通过点或［退出(E)/多个(M)/放弃(U)］＜退出＞:(指定通过点 B)
选择要偏移的对象,或［退出(E)/放弃(U)］＜退出＞:(继续进行或按 Enter 键结束)

————————————————————————————————

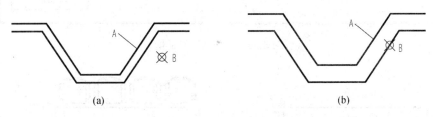

图 3-5　偏移
(a) 指定偏移距离；(b) 指定通过点

3.3.4　阵列

1. 命令
- 命令行输入：ARRAY（缩写名：AR）。
- 菜单命令："修改"→"阵列"。
- 图标按钮："修改"工具栏 ⊞ 。

2. 功能
将选中的对象作矩形或环形阵列式复制。

3. 对话框及操作
启动"阵列"命令后，将弹出如图 3-6 所示的"阵列"对话框，从中可对阵列的方式（矩形阵列或环形阵列）及其具体参数进行设置。

（1）矩形阵列。矩形阵列的含义如图 3-7 所示，是指将所选定的图形对象（如图中的1）按指定的行数、列数复制为多个。

创建矩形阵列的操作步骤如下。

1）在"阵列"对话框中选中"矩形阵列"单选按钮，此时的对话框如图 3-6 所示。

2）单击"选择对象"按钮，则"阵列"对话框关闭，AutoCAD 提示选择对象。

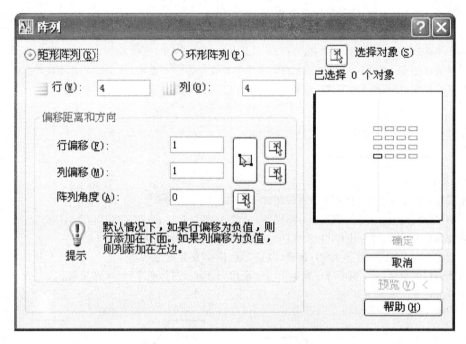

图 3-6 "阵列"对话框

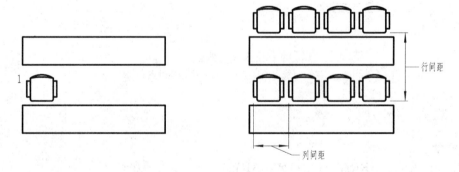

行间距

列间距

图 3-7 矩形阵列的含义

3) 选择要创建阵列的对象，然后按 Enter 键。

4) 在"行"和"列"文本框中输入欲阵列的行数和列数。

5) 使用以下方法之一指定对象间水平和垂直间距（偏移），则样例框将示意性显示阵列的结果。

• 在"行偏移"、"列偏移"文本框中分别输入行间距和列间距。

• 单击"拾取两个偏移"按钮 ，使用定点设备指定阵列中某个单元的相对角点。此单元决定行和列的水平和垂直间距。

• 单击"拾取行偏移"或"拾取列偏移"按钮 ，使用定点设备指定水平和垂直间距。

6) 要修改阵列的旋转角度，可在"阵列角度"文本框中输入新的角度。

7）单击"确定"按钮，创建矩形阵列。

如图 3-8 所示钢筋网为对钢筋 1 进行 6 行、1 列矩形阵列及对钢筋 2 进行 1 行、11 列矩形阵列的结果。

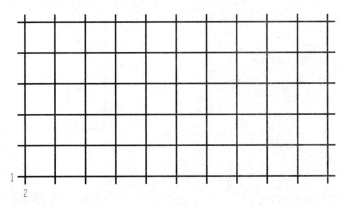

图 3-8　矩形阵列实例

（2）环形阵列。环形阵列的含义如图 3-9 所示，是指将所选定的图形对象（如图 3-9 中的 1）绕指定的中心点（如图中的 2）旋转复制为多个。

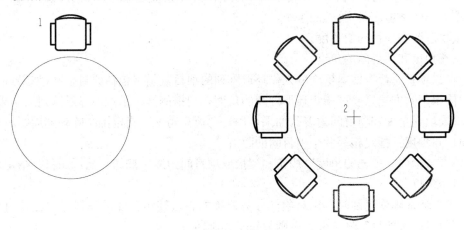

图 3-9　环形阵列的含义

创建环形阵列的操作步骤如下。

1）在"阵列"对话框中选中"环形阵列"单选按钮，此时的对话框如图 3-10 所示。

2）单击"选择对象"按钮，则"阵列"对话框关闭，AutoCAD 提示选择对象。

3）选择要创建阵列的对象，然后按 Enter 键。

4）执行以下操作之一，指定环形阵列的中心点。

• 在对话框中"中心点："后的文本框内分别输入环形阵列中心点的 X 坐标值和 Y 坐标值。

• 单击"拾取中心点"按钮，则"阵列"对话框关闭，AutoCAD 提示"指定阵列中心点："，此时可使用鼠标指定环形阵列的中心点（圆心）。

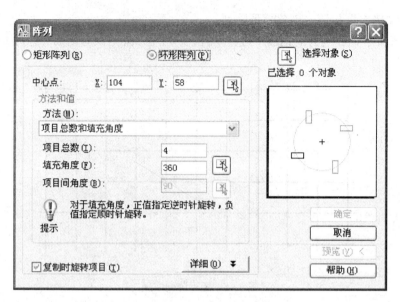

图 3 - 10　环形阵列

5）在"方法"下拉列表框中，选择下列方法之一，指定环形阵列的方式。

• 项目总数和填充角度。

• 项目总数和项目间的角度。

• 填充角度和项目间的角度。

6）在"项目总数"文本框中输入作环形阵列的项目数量（包括原对象）（如果可用）。

7）使用下列方法之一，指定环形阵列的角度，则样例框将示意性显示阵列的结果。

• 输入填充角度和项目间角度（如果可用）。"填充角度"指定围绕阵列圆周要填充的距离。"项目间角度"指定相邻两个项目间的距离。

• 单击"拾取要填充的角度"按钮和"拾取项目间角度"按钮，然后用鼠标指定填充角度和项目间角度。

8）指定环形阵列复制时所选对象自身是否绕中心点旋转。要沿阵列方向旋转对象，需选中"复制时旋转项目"复选框，否则只作平移旋转。

9）单击"确定"按钮，创建环形阵列。

如图 3 - 11（a）所示为采用"复制时旋转项目"设置对 A 三角形进行 180°环形阵列的结果。如图 3 - 11（b）所示为取消选中"复制时旋转项目"复选框时的环形阵列情况。

4. 说明

环形阵列时，默认情况下原图形的基点由该选择集中最后一个对象确定。直线取端点，圆取圆心，块取插入点，如图 3 - 11（b）中 B 点为三角形的基点。显然，基点的不同将影响各复制图形的布局。要修改默认基点设置，请单击如图 3 - 10 所示对话框中的"详细"按钮，在弹出的"对象基点"选项组中取消选中"设为对象的默认值"复选框，然后在 X 和 Y 文本框中输入具体坐标值，或单击"拾取基点"按钮用鼠标指定点。

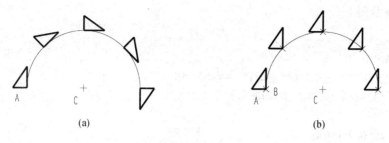

图 3-11　环形阵列示例

(a) 环形阵列的同时旋转原图；(b) 环形阵列时原图只作平移

3.4　改变图形位置和大小

3.4.1　移动

1. 命令

• 命令行输入：MOVE（缩写名：M）。

• 菜单命令："修改"→"移动"。

• 图标按钮："修改"工具栏 ✛。

2. 功能

平移指定的对象。

3. 格式

命令：MOVE↙

选择对象：(选择要移动的对象)

选择对象：(继续选择或按 Enter 键结束选择)

指定基点或［位移(D)］＜位移＞：

指定第二个点或 ＜使用第一个点作为位移＞：

---

4. 说明

MOVE 命令的操作和 COPY 命令类似，但它移动对象而不是复制对象。

3.4.2　旋转

1. 命令

• 命令行输入：ROTATE（缩写名：RO）。

• 菜单命令："修改"→"旋转"。

• 图标按钮："修改"工具栏 ⟳。

2. 功能

绕指定中心旋转图形。

3. 格式及示例

命令：ROTATE↙

UCS 当前的正角方向： ANGDIR = 逆时针　ANGBASE = 0

选择对象：[选择矩形，如图 3 - 12(a)所示]

找到 1 个

选择对象：↙(按 Enter 键)

指定基点：(选 A 点)

指定旋转角度，或 [复制(C)/参照(R)] <0>： 150↙(输入旋转角度，逆时针为正)

结果如图 3 - 12 (b) 所示。必要时可选择参照方式来确定实际转角，仍如图 3 - 12 (a) 所示。

命令：ROTATE↙

UCS 当前的正角方向： ANGDIR = 逆时针　ANGBASE = 0

选择对象：[选择矩形，如图 3 - 12(a)所示]

找到 1 个

选择对象：↙(按 Enter 键)

指定基点：(选 A 点)

指定旋转角度，或 [复制(C)/参照(R)] <0>： r↙(选参照方式)

指定参照角 <0>：(输入参照方向角，也可以用两点来确定此角，本例中用 A、B 两点)

指定新角度或 [点(P)] <0>：(输入参照方向旋转后的新角度，或选择"P"选项通过两点指定新角度，本例中用 A、C 两点)

结果仍如图 3 - 12 (b) 所示，即在不预知旋转角度的情况下，也可通过参照方式确定旋转角度。若输入"C"选项，则可实现将所选对象先在原位置复制一份再进行旋转的效果。

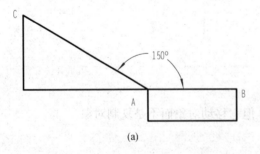

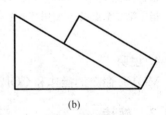

(a)　　　　　　　　　　　　　　　　　　(b)

图 3 - 12　旋转

3.4.3　比例缩放

1. 命令

• 命令行输入：SCALE (缩写名：SC)。

• 菜单命令："修改" → "缩放"。

• 图标按钮："修改"工具栏 ▫ 。

2. 功能

将选定对象按指定中心（基点）进行比例缩放。

3. 格式及示例

命令：SCALE↙

选择对象：［选一菱形，如图 3 - 13(a)所示］

找到 x 个

选择对象：↙（按 Enter 键）

指定基点：(选基准点 A，即比例缩放中心)

指定比例因子或［复制(C)/参照(R)］<1.0000>： 2↙(输入比例因子)

结果如图 3 - 13（b）所示。

必要时可选择参照方式来确定实际比例因子，仍如图 3 - 13（a）所示。

命令：SCALE↙

选择对象：［选一菱形，如图 3 - 13(a)所示］

找到 x 个

选择对象：↙（按 Enter 键）

指定基点：(选基准点 A，即比例缩放中心)

指定比例因子或［复制(C)/参照(R)］<0.5000>： r↙(选参照方式)

指定参照长度 <1.0000>：(参照的原长度，本例中拾取 A、B 两点的距离指定)

指定新的长度或［点(P)］<1.0000>： p↙(指定新长度值，本例需输入"P"选项切换至定点模式)

指定第一点：(拾取 C 点)

指定第二点：(拾取 D 点)

(则以 C、D 间的距离作为新长度值，这样可使两个菱形同高)

结果仍如图 3 - 13（b）所示。若输入"C"选项，则可实现将所选对象先在原位置复制一份再进行缩放的效果。

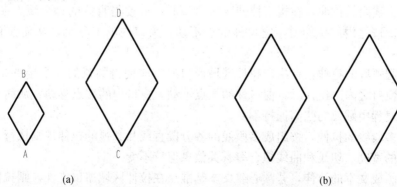

(a)　　　　　　　　　　(b)

图 3 - 13　比例缩放

3.4.4 拉伸

1. 命令

• 命令行输入：STRETCH（缩写名：S）。

• 菜单命令："修改"→"拉伸"。

• 图标按钮："修改"工具栏 。

2. 功能

拉伸或移动选定的对象，本命令必须要用窗交方式或圈交方式选择对象，完全位于窗内或圈内的对象将发生移动（与 MOVE 命令相同），与边界相交的对象将产生拉伸或压缩变化。

3. 格式及示例

- -

命令：STRETCH↙

以交叉窗口或交叉多边形选择要拉伸的对象…

选择对象：[以窗交或圈交方式选择对象，如图 3 - 14(a)所示]

选择对象：↙（按 Enter 键）

指定基点或［位移(D)］＜位移＞：[用对象捕捉拾取圆心，如图 3 - 14(b)所示]

指定第二个点或 ＜使用第一个点作为位移＞：@20,0↙（用相对坐标指定第二点）

- -

拉伸结果如图 3 - 14（c）所示。

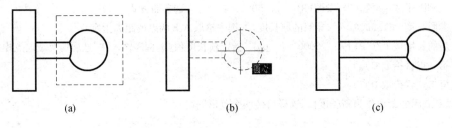

(a)　　　　　　　　　　(b)　　　　　　　　　　(c)

图 3 - 14　拉伸

4. 说明

（1）对于直线段的拉伸，在指定拉伸区域窗口时，应使得直线的一个端点在窗口之外，另一个端点在窗口之内。拉伸时，窗口外的点不动，窗口内的点移动，从而使直线作拉伸变动。

（2）对于圆弧段的拉伸，在指定拉伸区域窗口时，应使得圆弧的一个端点在窗口之外，另一个端点在窗口之内。拉伸时，窗口外的端点不动，窗口内的端点移动，从而使圆弧作拉伸变动。拉伸过程中圆弧的弦高保持不变。

（3）对于多段线的拉伸，按组成多段线的各分段直线和圆弧的拉伸规则执行。在变形过程中，多段线的宽度、切线和曲线拟合等有关信息保持不变。

（4）对于圆或文本的拉伸，若圆心或文本基准点在拉伸区域窗口之外，则拉伸后圆或文本仍保持原位不动；若圆心或文本基准点在窗口之内，则拉伸后圆或文本将作移动。

3.4.5　拉长

1. 命令

- 命令行输入：LENGTHEN（缩写名：LEN）。
- 菜单命令："修改"→"拉长"。

2. 功能

拉长或缩短直线段、圆弧段等对象，圆弧段也可用圆心角控制。

3. 格式

命令：LENGTHEN↙
选择对象或［增量(DE)/百分数(P)/全部(T)/动态(DY)］：

---

4. 选项说明

- 选择对象：选直线或圆弧后，分别显示直线的长度或圆弧的弧长和包含角。
- 增量（DE）：用长度增量、角度增量控制直线、圆弧的拉长或缩短。正值为拉长量，负值为缩短量。
- 百分数（P）：用原值的百分数控制直线段、圆弧段的伸缩，如 75 为 75%，是缩短25%，125 为 125%，是伸长 25%，故必须用正数输入。
- 全部（T）：用总长、总张角来控制直线段、圆弧段的伸缩。
- 动态（DY）：进入拖动模式，可拖动直线段、圆弧段一端进行拉长或缩短。

如图 3-15 所示进度图为对等长多段线用"百分数（P）"方式拉长的结果。

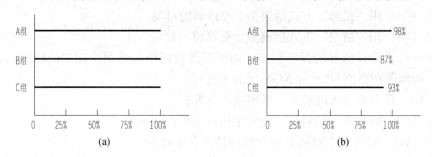

图 3-15　拉长示例

(a) 绘制等长多段线；(b) 用"百分数（P）"方式拉长

3.5　改变图形的原有形态

3.5.1　修剪

1. 命令

- 命令行输入：TRIM（缩写名：TR）。

- 菜单命令："修改"→"修剪"。
- 图标按钮："修改"工具栏 -/- 。

2. 功能

在指定剪切边后，可连续选择被切边进行修剪。

3. 格式及示例

命令：TRIM↙

当前设置：投影＝UCS，边＝无

选择剪切边…

选择对象或＜全部选择＞：(选定剪切边，可连续选取，按 Enter 键结束该项操作)

选择对象：↙(按 Enter 键)

选择要修剪的对象，或按住 Shift 键选择要延伸的对象，或[栏选(F)/窗交(C)/投影(P)/边(E)/删除(R)/放弃(U)]：(选择被修剪边、改变修剪模式或取消当前操作)

提示"选择要修剪的对象，或按住 Shift 键选择要延伸的对象，或［栏选（F）/窗交（C）/投影（P）/边（E）/删除（R）/放弃（U）］："用于选择被修剪边、改变修剪模式和取消当前操作，该提示反复出现，因此可以利用选定的剪切边对一系列对象进行修剪，直至按 Enter 键退出该命令。该提示的各选项说明如下。

- 选择要修剪的对象：AutoCAD 根据拾取点的位置，搜索与剪切边的交点，判定修剪部分。
- 按住 Shift 键选择要延伸的对象：在按下 Shift 键状态下选择一个对象，可以将该对象延伸至剪切边（相当于执行延伸命令 EXTEND）。
- 栏选（F）：用"栏选"方式指定多个要修剪的对象。
- 窗交（C）：用"窗交"方式指定多个要修剪的对象。
- 投影（P）：选择修剪的投影模式，用于三维空间中的修剪。在二维绘图时，投影模式＝UCS，即修剪在当前 UCS 的 XOY 平面上进行。
- 边（E）：选择剪切边的模式（延伸或不延伸）。
- 删除（R）：删除选定的对象（相对于执行删除命令 ERASE）。
- 放弃（U）：撤销由 TRIM 命令所做的最近一次修改。

同一对象既可以选为剪切边，也可同时选为被切边。如图 3-16 (a) 所示，选择 4 条直线和大圆为剪切边，即可修剪成如图 3-16 (b) 所示的形式。

3.5.2   延伸

1. 命令

- 命令行输入：EXTEND（缩写名：EX）。
- 菜单命令："修改"→"延伸"。
- 图标按钮："修改"工具栏 --/ 。

2. 功能

在指定边界后，可连续选择延伸边，延伸到与边界相交。它是 TRIM 命令的一个对应命令。

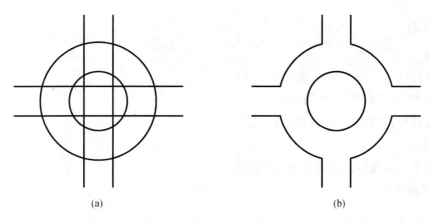

(a)　　　　(b)

图 3-16　修剪示例

3. 格式及示例

命令：EXTEND↙

当前设置：投影＝UCS，边＝无

选择边界的边…

选择对象或 ＜全部选择＞：(选定边界边，可连续选取，按 Enter 键结束该项操作)

选择对象：↙(按 Enter 键)

选择要延伸的对象，或按住 Shift 键选择要修剪的对象，或[栏选(F)/窗交(C)/投影(P)/边(E)/放弃(U)]：

提示"选择要延伸的对象，或按住 Shift 键选择要修剪的对象，或〔栏选（F）/窗交（C）/投影（P）/边（E）/放弃（U）〕："用于选择延伸边、改变延伸模式或取消当前操作，其含义和修剪命令的对应选项类似。该提示反复出现，因此可以利用选定的边界边，使一系列对象进行延伸，在拾取对象时，拾取点的位置决定延伸的方向，最后按 Enter 键退出本命令。若按住 Shift 键的同时选择对象，则可将选定的对象以指定的延伸边界为剪切边进行修剪。此时该命令的效果等同于修剪命令 TRIM。

同一对象既可以选为延伸边界，也可同时选为被延伸边。如图 3-17（a）所示，选择 3 条直线作为边界，并将边界模式改为"延伸"，可以将图形延伸成如图 3-17（c）所示形式。

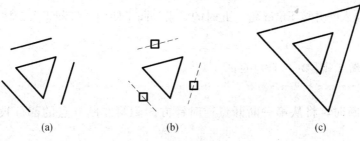

(a)　　　　　　(b)　　　　　　(c)

图 3-17　延伸示例

(a) 原图形；(b) 选择延伸边界；(c) 延伸后效果

3.5.3　打断

1. 命令
- 命令行输入：BREAK（缩写名：BR）。
- 菜单命令："修改"→"打断"。
- 图标按钮："修改"工具栏 、 。

2. 功能
切掉对象的一部分，或切断成两个对象。

3. 格式及示例

- -

命令：BREAK↙
选择对象：[在1点处拾取对象，并把1点看作第一断开点，如图3 - 18(a)所示]
指定第二个打断点 或 [第一点(F)]：[指定2点为第二断开点，结果如图3 - 18(b)所示]

- -

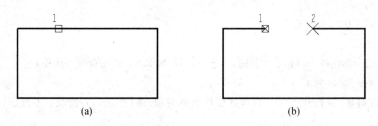

(a)　　　　　　　　　　　　　(b)

图3 - 18　打断示例

4. 说明

（1）系统默认将拾取对象的位置作为第一断开点位置，如需改换其他点作为第一点，可在"指定第二个打断点 或 [第一点（F）]："提示下输入"F"选项重新定义第一断开点位置。

（2）第一断开点指定以后，第二断开点可以不在对象上，AutoCAD将自动捕捉对象上的最近点为第二断开点。如第二断开点选取在对象外部，则对象的该端被切掉，不产生新对象。

（3）当需要使第二断开点与第一断开点重合时，可在"指定第二个打断点 或 [第一点（F）]："提示下输入@并按Enter键，此时的效果等同于使用"打断于点"按钮 。

- -

指定第二个打断点 或 [第一点(F)]：@↙

- -

（4）圆被打断时，将从第一断开点逆时针方向到第二断开点的部分被切掉，转变为圆弧。

（5）BREAK命令的功能和TRIM命令有些类似，但BREAK命令可用于没有剪切边的场合。同时，用BREAK命令还可以切断对象（一分为二）。

3.5.4　倒角

1. 命令

• 命令行输入：CHAMFER（缩写名：CHA）。

• 菜单命令："修改"→"倒角"。

• 图标按钮："修改"工具栏 。

2. 功能

对两条直线边倒棱角，倒棱角的参数可用两种方法确定。

• 距离方法：由第一倒角距 D_1 和第二倒角距 D_2 确定，如图 3 - 19（a）所示。

• 角度方法：由第一倒角距 D_1 和倒角角度 α 确定，如图 3 - 19（b）所示。

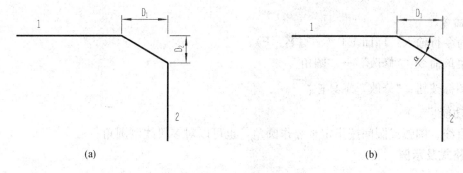

(a)　　　　　　　　　　　　　　　　(b)

图 3 - 19　倒棱角

3. 格式及示例

- -

命令：CHAMFER↙

（"修剪"模式）当前倒角距离 1 = 0.0000,距离 2 = 0.0000

选择第一条直线或［放弃(U)/多段线(P)/距离(D)/角度(A)/修剪(T)/方式(E)/多个(M)］：d↙

指定第一个倒角距离 ＜0.0000＞:4↙

指定第二个倒角距离 ＜4.0000＞:2↙

选择第一条直线或［放弃(U)/多段线(P)/距离(D)/角度(A)/修剪(T)/方式(E)/多个(M)］:［选直线 1,如图 3 - 19(a)所示］

选择第二条直线,或按住 Shift 键选择要应用角点的直线:(选直线 2,作倒棱角)

- -

4. 选项

• 多段线（P）：用于对整个二维多段线倒角。相交多段线线段在每个多段线顶点被倒角，倒角成为多段线的新线段。如果多段线包含的线段过短以至于无法容纳倒角距离，则不对这些线段倒角。

• 距离（D）：设置倒角距离。见上例。

• 角度（A）：用角度方法确定倒角参数。

• 修剪（T）：设置修剪模式。默认为"修剪"，如改为"不修剪"，则倒棱角时将保留原线段，既不修剪，也不延伸。

• 方式（E）：选定倒棱角的方法，即选距离或角度方法。

• 多个（M）：连续倒多个棱角。

5. 说明

(1) 当倒角距离为 0 时，CHAMFER 将使两边相交，创建一个角点。

(2) CHAMFER 命令也可以对三维实体的棱边倒棱角。

(3) 当倒棱角的两条直线具有相同的图层、线型和颜色时，创建的棱角边也相同（随两条直线）；否则，创建的棱角边将用当前图层、线型和颜色。

(4) 当提示"选择第二条直线，或按住 Shift 键选择要应用角点的直线："时，按住 Shift 键选择对象，可以创建一个角点（即将倒角距离临时设置为 0）。

3.5.5 圆角

1. 命令

• 命令行输入：FILLET（缩写名：F）。

• 菜单命令："修改" → "圆角"。

• 图标按钮："修改" 工具栏 。

2. 功能

在直线、圆弧或圆间按指定半径作圆角，也可以对多段线倒圆角。

3. 格式及示例

命令：FILLET ↙

当前设置：模式 = 修剪，半径 = 0.0000

选择第一个对象或［放弃(U)/多段线(P)/半径(R)/修剪(T)/多个(M)］：r ↙

指定圆角半径 <0.0000>：10 ↙

选择第一个对象或［放弃(U)/多段线(P)/半径(R)/修剪(T)/多个(M)］：［拾取直线 1，如图 3-20(a)所示］

选择第二个对象，或按住 Shift 键选择要应用角点的对象：(拾取直线 2)

结果如图 3-20（b）所示。由于处于"修剪"模式，所以多余线段被修剪。

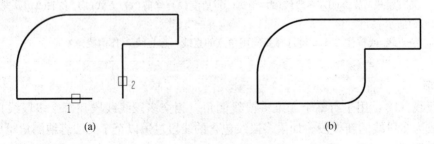

(a)   (b)

图 3-20 倒圆角

4. 选项

• 多段线（P）：选择二维多段线作倒圆角，它只能在直线段间倒圆角，如两直线段间有圆弧段，则该圆弧段被忽略，如图 3-21 所示。

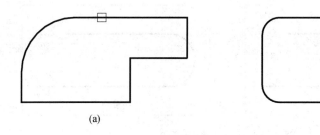

(a)　　　　　　　　　　　　　　(b)

图 3 - 21　选多段线倒圆角

• 半径（R）：设置圆角半径。

• 修剪（T）：控制修剪模式。默认为"修剪"，如改为"不修剪"，则倒圆角时将保留原线段，既不修剪，也不延伸。

• 多个（M）：连续倒多个圆角。

5. 说明

（1）在圆角半径为 0 时，FILLET 命令将使两边相交，创建一个角点。

（2）FILLET 命令也可以对三维实体的棱边倒圆角。

（3）在可能产生多解的情况下，AutoCAD 按拾取点位置与切点相近的原则来判断倒圆角的位置与结果，如图 3 - 22 所示。

（4）对圆不修剪，如图 3 - 22 所示。

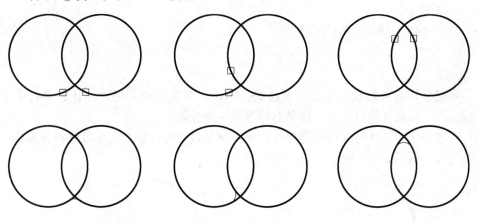

图 3 - 22　对圆倒圆角

（5）当提示"选择第二个对象，或按住 Shift 键选择要应用角点的对象："时，按住 Shift 键选择对象，可以创建一个角点（即将圆角半径临时设置为 0）。

（6）对平行的直线、射线或构造线，它忽略当前圆角半径的设置，自动计算两平行线的距离来确定圆角半径，并从第一线段的端点绘制圆角（半圆），因此，不能把构造线选为第一线段。对平行线的倒圆角如图 3 - 23 所示。

（7）当倒圆角的两个对象具有相同的图层、线型和颜色时，创建的圆角对象也相同（随原对象）；否则，创建的圆角对象将用当前图层、线型和颜色。

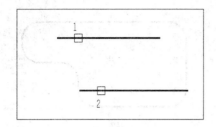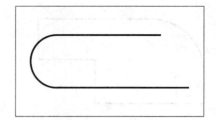

图 3-23 对平行线倒圆角

3.5.6 分解

1. 命令

• 命令行输入：EXPLODE（缩写名：X)。

• 菜单命令："修改"→"分解"。

• 图标按钮："修改"工具栏 。

2. 功能

用于将组合对象如多段线、图块、图案填充等拆开为其组成成员。

3. 格式

命令：EXPLODE↙

选择对象:（选择要分解的对象，可选择多个)

4. 说明

（1）可以分解的对象包括多线、多段线、图块、图案填充、尺寸标注、多行文字等对象，直线、圆、圆弧、单行文字、样条曲线等是不能分解的。

（2）图形分解后，其特性可能会发生改变，例如具有宽度属性的多段线被分解后，其宽度属性将丢失，如图 3-24 所示。

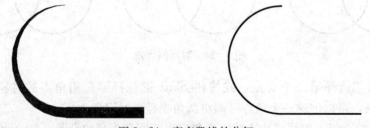

图 3-24 宽多段线的分解

3.6 夹点编辑

1. 夹点编辑操作过程

在不调用任何命令的状态下拾取对象，对象醒目显示，表示已进入当前选择集，同时显示对象夹点。拾取一个夹点，则此点变为热点，即可进入夹点编辑状态，它可以完成拉伸（STRETCH）、移动（MOVE）、旋转（ROTATE）、比例缩放（SCALE）、镜像（MIR-ROR）五种模式操作，相应的提示次序为：

　＊＊拉伸＊＊
　指定拉伸点或［基点(B)/复制(C)/放弃(U)/退出(X)］：
　＊＊移动＊＊
　指定移动点或［基点(B)/复制(C)/放弃(U)/退出(X)］：
　＊＊旋转＊＊
　指定旋转角度或［基点(B)/复制(C)/放弃(U)/参照(R)/退出(X)］：
　＊＊比例缩放＊＊
　指定比例因子或［基点(B)/复制(C)/放弃(U)/参照(R)/退出(X)］：
　＊＊镜像＊＊
　指定第二点或［基点(B)/复制(C)/放弃(U)/退出(X)］：

在选择编辑模式时，可用 Enter 键、空格键或鼠标右键进行切换。要生成多个热点，则在拾取夹点时同时按住 Shift 键，然后再放开 Shift 键，拾取其中一个热点来进入编辑模式。

例如，如图 3 - 25（a）所示为一条多段线，现利用夹点拉伸模式将其修改为如图 3 - 25（b）所示的形状。操作步骤如下：

（1）拾取多段线，出现夹点。

（2）按下 Shift 键，把 1、2、3 点转化为热点。

（3）放开 Shift 键，再拾取 1 点，进入拉伸编辑模式。

（4）拾取 4 点，则拉伸成如图 3 - 25（b）所示形状。

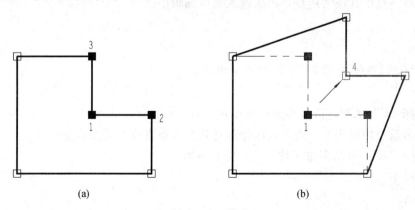

图 3 - 25　拉伸模式夹点编辑

2. 夹点编辑操作说明

（1）选中的热点，在默认状态下，系统认为是拉伸点、移动的基准点、旋转的中心点、比例缩放的中心点或镜像线的第一点。因此，可以在鼠标拖动中快速完成相应的编辑操作。

（2）必要时，可以利用"基点（B）"选项，另外指定基准点或旋转的中心等。

（3）与 ROTATE（旋转）、SCALE（比例缩放）命令一样，在旋转与比例缩放模式中也可采用"参照（R）"选项，用来间接确定旋转角或比例因子。

（4）通过"复制（C）"选项，可进入复制方式下的多重拉伸、多重移动、多重缩放等状态。

3. 夹点编辑示例

将图 3-26（a）所示图形用夹点编辑功能修改为如图 3-26（b）所示形状。

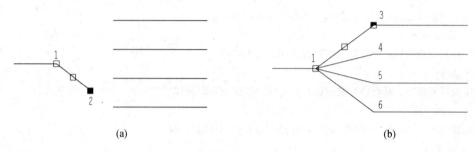

(a)   (b)

图 3-26 多重拉伸

操作步骤如下：

（1）拾取直线 12，出现夹点。

（2）拾取 2 点使其成为热点，进入夹点编辑模式。

- -

＊＊拉伸＊＊
指定拉伸点或［基点(B)/复制(C)/放弃(U)/退出(X)］:

- -

（3）把 2 点拉伸到新位置 3，直线 12 变成 13。

（4）拾取 3 点使其成为热点，再次进入夹点编辑模式。

- -

＊＊拉伸＊＊
指定拉伸点或［基点(B)/复制(C)/放弃(U)/退出(X)］:c

- -

（5）选择"C"选项，进入多重拉伸模式。

（6）在多重拉伸模式下，把 3 点拉伸到与其余 3 条直线左端点连接。

（7）选择"X"，退出多重拉伸模式，完成图形。

第4章 辅助绘图命令

利用前面两章介绍的绘图命令和编辑命令，已经能够绘制出基本的图形对象。但在实际绘图中仍会遇到很多问题，例如，想用单击的方法找到某些特殊点（如圆心、切点、交点等），无论怎么小心，要准确地找到这些点都很困难，有时甚至根本不可能；要画一张很大的图，由于显示屏幕的大小有限，与实际所要画图的比例存在较大悬殊时，图中一些细小结构要看清楚就非常困难。运用 AutoCAD 提供的多种辅助绘图工具就可以轻松地解决这些问题。

4.1 绘图单位和精度

1. 命令

- 命令行输入：UNITS（缩写名：UN，可透明使用）。
- 菜单命令："格式"→"单位"。

2. 功能

调用"图形单位"对话框（图 4-1），规定计数单位和精度。

（1）"长度"区。用于设定长度单位的类型和精度。

（2）"角度"区。用于设定角度单位的类型和精度。该区中的"顺时针"选项用于控制角度方向的正负。AutoCAD 默认的正角度方向是逆时针方向，如果勾选"顺时针"选项，则设置以顺时针方向计算正的角度值。

（3）"插入比例"区。用于控制插入到当前图形中的块和图形的测量单位。

（4）"输出样例"区。用于预览完成单位设置后的长度和角度单位格式。

（5）"光源"区。用于控制当前图形中光度控制光源强度的测量单位。

（6）"方向"按钮。用于设置零角度的方向。AutoCAD 默认零角度方向为正东方向。设计者可以根据实际需要将北、西、南或其他任

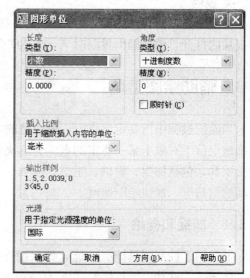

图 4-1 "图形单位"
对话框

意方向设置为零角度方向。例如，在测量坐标系中，通常以正北方向为零角度方向，在直接使用测量坐标数据绘图时，就可以先将零角度方向设置为"北"。

4.2　图形界限

1. 命令

- 命令行输入：LIMITS（可透明使用）。
- 菜单命令："格式"→"图形界限"。

2. 功能

设置图形界限，以控制绘图的范围。图形界限的设置方式主要有两种。

- 按绘图的图幅大小设置图形界限。如对 A3 图幅，图形界限可控制在 420×297 左右。
- 按实物实际大小设置图形界限。这样可以按 1∶1 绘图，在图形输出时设置适当的比例系数。

3. 格式

命令:LIMITS↙

重新设置模型空间界限:

指定左下角点或[开(ON)/关(OFF)]<0.0000,0.0000>:(重设左下角点)

指定右上角点<420.0000,297.0000>:(重设右上角点)

----

4. 说明

提示中的"[开（ON）/关（OFF）]"指打开或关闭图形界限检查功能。设置为 ON 时，检查功能打开，图形画出界限时 AutoCAD 会给出提示。

4.3　辅助绘图工具

当绘图过程中需要定位点时，最快捷的方法是直接在屏幕上拾取点。但是，用光标很难准确地定位于对象上某一特定的点。为解决快速精确定点问题，AutoCAD 提供了一些辅助绘图工具，包括捕捉、栅格、正交、极轴、对象捕捉、对象追踪等。利用这些辅助工具，能提高绘图精度，加快绘图速度。

4.3.1　捕捉和栅格

捕捉用于控制间隔捕捉功能，如果捕捉功能打开，光标将锁定在不可见的捕捉网格点上，作步进式移动。捕捉间距在 X 方向和 Y 方向一般相同，也可以不同。

栅格用于显示可见的参照网格点，当栅格打开时，它在图形界限范围内显示出来。栅格既不是图形的一部分，也不会输出，但对绘图起很重要的辅助作用，如同坐标纸一样。栅格点的间距值可以和捕捉间距相同，也可以不同。

1. 命令

- 命令行输入：DSETTINGS（可透明使用）。
- 菜单命令："工具"→"草图设置"。

2. 功能

调用"草图设置"对话框（图 4-2），利用对话框中的"捕捉和栅格"选项卡可以打开或关闭捕捉和栅格功能，并对其进行设置。

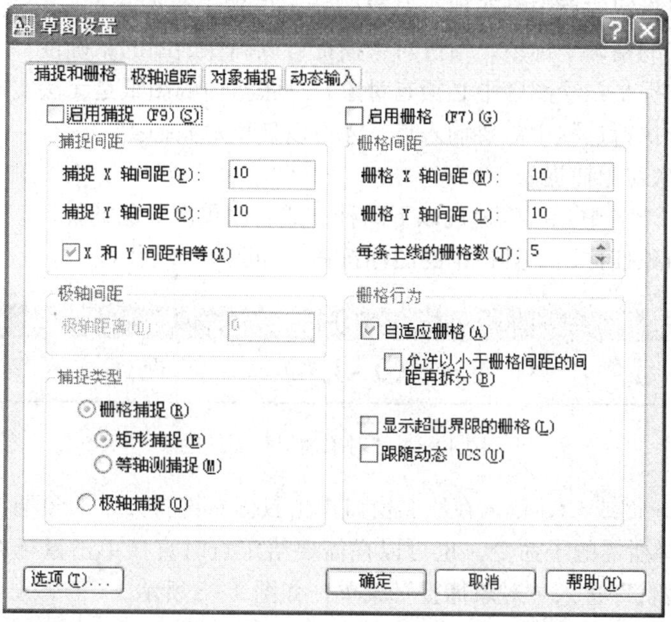

图 4-2 "草图设置"对话框的"捕捉和栅格"选项卡

对话框中的"启用捕捉"复选框控制是否打开捕捉功能；在"捕捉间距"选项组中可以设置捕捉的 X 向间距和 Y 向间距；利用 F9 键或单击状态栏上的"捕捉"按钮也可以在打开和关闭捕捉功能之间切换。

对话框中的"启用栅格"复选框控制是否打开栅格功能，"栅格间距"选项组用来设置可见网格点的间距。利用 F7 键或单击状态栏上的"栅格"按钮也可以在打开或关闭栅格功能之间切换。

3. 说明

在 AutoCAD 2008 中，除了可以使用如图 4-2 所示的对话框来设置捕捉和栅格参数，还可以使用透明命令 SNAP 和 GRID 来设置。

4.3.2 正交模式

在 0°、90°、180°、270°方向所画的直线称为正交线。利用正交工具可以方便地绘制与 X 轴或 Y 轴平行的线段。

在 AutoCAD 2008 中，打开或关闭正交模式，有以下几种方法：

- 单击状态栏上的"正交"按钮。
- 按 F8 键。
- 使用透明命令 ORTHO。

正交模式在创建或编辑图形方面应用十分方便。当正交功能打开时，默认情况下，用鼠标指定点时，总是限制为水平或垂直状态，使用户可以精确地绘制水平线和铅垂线。

4.3.3 对象捕捉

对象捕捉是将指定的点限制在现有对象的特定位置上，如端点、交点、中点、圆心等，而无需了解这些点的精确坐标值。通过对象捕捉可以确保绘图的精确性。

对象捕捉的前提是：绘图区中必须有对象，一张空白的图纸是无法实现对象捕捉的。另外必须在某个命令执行过程中需要输入点，才可以使用对象捕捉。

4.3.3.1 启动单次对象捕捉

在 AutoCAD 2008 中，可以通过以下两种方式启动单次对象捕捉。

（1）选择"对象捕捉"工具栏中的图标按钮，如图 4-3 所示。

图 4-3 "对象捕捉"工具栏

（2）按住 Shift 键或 Ctrl 键，在绘图窗口单击鼠标右键打开"对象捕捉"快捷菜单，如图 4-4 所示，选择所需的子命令。也可以在需要给定点时直接单击鼠标右键，在弹出的菜单中选择"捕捉替代"进入"对象捕捉"菜单，如图 4-5 所示。

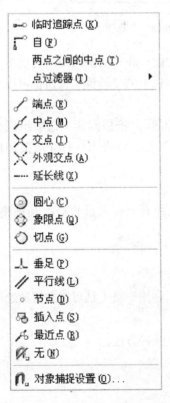

图 4-4 "对象捕捉"快捷菜单

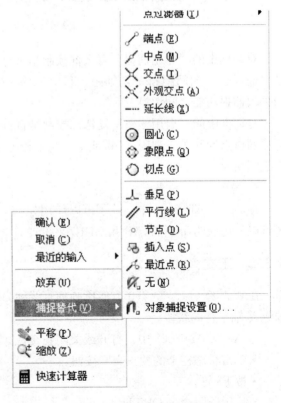

图 4-5 快速使用对象捕捉

"对象捕捉"工具栏提供了以下捕捉对象的模式。

1. 临时追踪点

该命令可以创建对象捕捉所使用的临时点。

2. 捕捉自

该命令可以从临时参考点偏移到所要捕捉的地方。

3. 捕捉到端点

该命令用于捕捉线段或圆弧等对象最近的端点，如图 4-6 所示。

4. 捕捉到中点

该命令用于捕捉线段或圆弧等对象的中点，如图 4-7 所示。

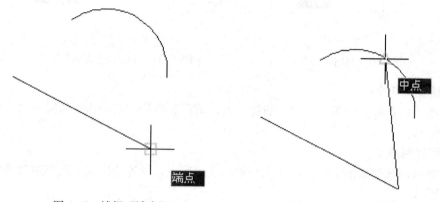

图 4-6　捕捉"端点"　　　　　　图 4-7　捕捉"中点"

5. 捕捉到交点

用于捕捉二维或三维空间内两对象的交点，但不能为虚交点（如交叉两直线在某一投影方向上的交点），如图 4-8 所示。

6. 捕捉到外观交点

该命令用于捕捉虚交点。

7. 捕捉到延长线

用于捕捉假想延长线上的点。如果两对象没有实际相交，则可用这种方式方便地找到它们的交点，如图 4-9 所示。

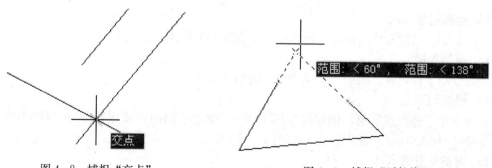

图 4-8　捕捉"交点"　　　　　　图 4-9　捕捉"延长线"

8. 捕捉到圆心

使用"圆心"模式，可以捕捉圆、弧、椭圆或圆环的圆心。当光标靠近需要捕捉的对象或者它们的圆心时即可捕捉，如图 4 - 10 所示。

9. 捕捉到象限点 ⊕

相对于当前 UCS，圆周上最左、最右、最上、最下的 4 个点称为象限点。当光标靠近要捕捉的象限点，即可捕捉，如图 4 - 11 所示。

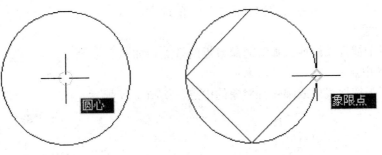

图 4 - 10　捕捉"圆心"　　　　　图 4 - 11　捕捉"象限点"

10. 捕捉到切点 ○

该命令可以在圆、圆弧或椭圆上捕捉一点，该点和另外一点的连线与圆或圆弧相切，如图 4 - 12 所示。

11. 捕捉到垂足 ⊥

该命令可以捕捉对象上一点，该点与前一点或后一点的连线构成了已有对象的法线，如图 4 - 13 所示。

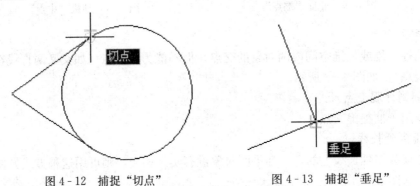

图 4 - 12　捕捉"切点"　　　　　图 4 - 13　捕捉"垂足"

12. 捕捉到平行线 ∥

该命令用于捕捉直线的角度，过一点作该直线的平行线，如图 4 - 14 所示。

13. 捕捉到插入点 ⊟

该命令用于捕捉块、图形、文字或属性的插入点。

14. 捕捉到节点 ⊙

该命令用于捕捉点对象，例如捕捉用 POINT 命令绘制的点或定数等分（DIVIDE）和定距等分（MEASURE）绘制的点，如图 4 - 15 所示。

15. 捕捉到最近点 ⋌

该命令主要用于捕捉实体上离光标最近的点。

16. 无捕捉 ⋈

该命令用于关闭对象捕捉模式。

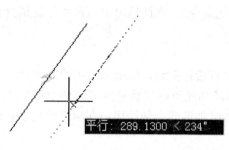

图 4 - 14　捕捉"平行线"

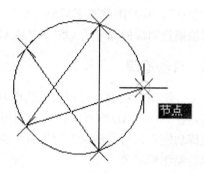

图 4 - 15　捕捉"节点"

17. 对象捕捉设置

该命令可用于设置自动捕捉模式。

4.3.3.2　启动自动捕捉

在绘图过程中，使用对象捕捉的频率非常高，为此 AutoCAD 提供了一种自动对象捕捉模式。自动捕捉就是当把光标放在一个对象上时，系统会自动捕捉到所有符合条件的几何特征点，并显示相应的标记。

启动自动捕捉有以下几种方法：

• 单击状态栏上的"对象捕捉"按钮。

• 按 F3 键（或 Ctrl＋F）打开或关闭自动对象捕捉。

• 打开"草图设置"对话框，在"对象捕捉"选项卡中，选中"启用对象捕捉"复选框，如图 4 - 16 所示。

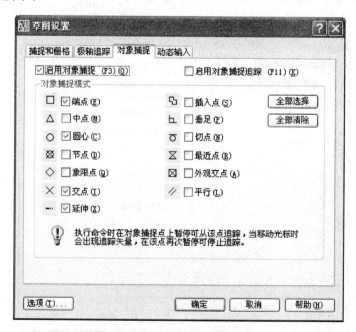

图 4 - 16　设置对象捕捉

在"草图设置"对话框的"对象捕捉"选项卡中可以设置常用的对象捕捉模式，例如设置了"中点",在绘图状态下只要光标靠近中点,系统就会提示找到中点。

对象捕捉对应的命令为 OSNAP 或 OS(简化命令)。默认情况下,自动捕捉是打开的。

4.3.4 自动追踪

在实际绘图过程中,有些点无法用对象捕捉直接捕捉到,以前需要用绘制辅助线的方式来完成,在 AutoCAD2000 版以后,利用自动追踪功能可以快捷地定义这些点的位置。打开自动追踪功能,执行绘图命令时屏幕上会显示临时辅助线,帮助用户在指定的角度和位置上精确地绘制图形对象。

自动追踪功能包括极轴追踪和对象捕捉追踪两种。

1. 极轴追踪

在绘图过程中,当 AutoCAD 要求用户给定点时,利用极轴追踪功能可以在给定的极轴角方向上出现临时辅助线。例如,如果设置增量角为 45°,当光标在 45°位置附近时,Auto-CAD 即可显示一条辅助线和提示,如图 4-17 所示。

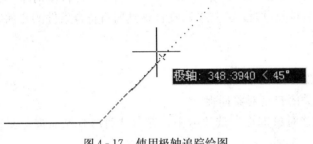

图 4-17 使用极轴追踪绘图

启动极轴追踪有以下几种方法:

• 单击状态栏上的"极轴"按钮。

• 按 F10 键打开或关闭极轴追踪。

• 打开"草图设置"对话框,在"极轴追踪"选项卡中选中或清除"启用极轴追踪"复选框,如图 4-18 所示。

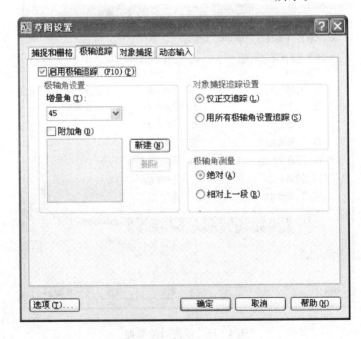

图 4-18 设置极轴追踪

默认情况下，极轴追踪仅在 0°、90°、180°和 270°四个方向上起作用。如果需要它在其他特殊角度上起作用，可以在图 4-18 所示的对话框中对极轴追踪进行各种功能设置。

• 增量角。可以从下拉列表中选择系统预设的角度，也可以直接输入角度，所有 0°和增量角的整数倍角度都会被追踪到。

• 附加角。用于设置"增量角"追踪不到的极轴角。附加角不同于增量角，系统只能追踪附加角的位置，不能追踪附加角的整数倍角度。

• 绝对。"绝对"测量方法是以当前 UCS 的 X 轴和 Y 轴为基准测量极轴追踪角。

• 相对上一段。"相对上一段"测量方法是以最后指定的两个点作为基准测量极轴追踪角。

• 用所有极轴角设置追踪。默认情况下，对象捕捉追踪设置为"仅正交追踪"，只显示始于追踪点的正交（水平或垂直）追踪路径；若设置"用所有极轴角设置追踪"，可以将极轴追踪设置应用到对象捕捉追踪。

2. 对象捕捉追踪

对象捕捉追踪与对象捕捉功能相关，启用对象捕捉追踪功能必须同时启用对象捕捉功能。利用对象捕捉追踪可产生基于对象捕捉点的辅助线，如图 4-19 所示。

启动对象捕捉追踪有以下几种方法：

• 单击状态栏上的"对象追踪"按钮。

• 按 F11 键打开或关闭对象追踪。

• 在"草图设置"对话框的"对象捕捉"选项卡中设置。

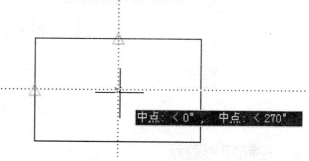

图 4-19　对象捕捉追踪

4.3.5　动态输入

使用动态输入功能可以在工具栏提示中输入坐标值，而不必在命令行中进行输入。光标旁边显示的工具栏提示信息将随着光标的移动而动态更新。当某个命令处于活动状态时，可以在工具栏提示中输入数值，通过 Tab 键可在这些值之间切换，实现更直观的绘图功能，如图 4-20 所示。动态输入可以完全取代 AutoCAD 传统的命令行，极大地方便了绘图，为用户提供了一种全新的操作体验。

启动动态输入功能有以下几种方法：

• 单击状态栏上的"DYN"按钮。

• 按 F12 键打开或关闭动态输入。

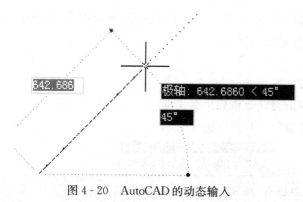

图 4-20　AutoCAD 的动态输入

动态输入主要由指针输入、标注输入和动态提示三部分组成。指针输入用于输入坐标值；标注输入用于输入距离和角度；动态提示用于在十字光标附近显示命令提示和命令输入。用户可以在"草图设置"对话框的"动态输入"选项卡中对动态输入功能进行设置，如图 4 - 21 所示。

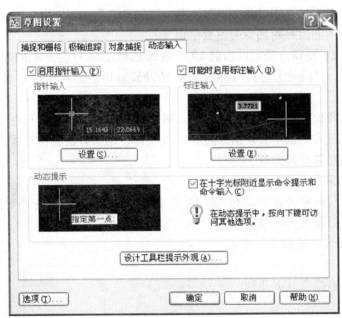

图 4 - 21　设置"动态输入"

4.4　控制图形显示

在绘图过程中，经常要对所画的图形进行显示缩放、平移、重画、重生成等各种操作。本节的命令用于控制图形在屏幕上的显示，可以按照用户所期望的位置、比例和范围控制屏幕窗口对图形相应部分的显示，便于观察和绘制图形。这些命令只改变视觉效果，而不改变图形的实际尺寸及图形对象间的相互位置关系。

4.4.1　缩放视图

缩放视图功能可以改变图形对象的屏幕显示大小，便于用户观察图形的整体结构和局部细节，但对象的真实尺寸保持不变，只改变显示的比例。

1. 命令

- 命令行输入：ZOOM（缩写名：Z，可透明使用）。
- 菜单命令："视图"→"缩放"→由级联菜单列出各选项。
- 图标按钮："标准"工具栏和"缩放"工具栏（图 4 - 22）。

图 4 - 22　"标准"工具栏和"缩放"工具栏中的缩放工具

2. 格式

- -

命令：ZOOM✓

指定窗口的角点，输入比例因子(nX 或 nXP)，或者

[全部(A)/中心(C)/动态(D)/范围(E)/上一个(P)/比例(S)/窗口(W)/对象(O)]<实时>：

- -

3. 常用选项说明

（1）实时缩放。实时缩放使用最为普遍，进入实时缩放模式，光标形状变为带有加减号的放大镜。按住鼠标左键不放，自下向上拖动为放大视图，自上向下拖动为缩小视图。释放鼠标左键缩放停止。按 Esc 键或按 Enter 键可以随时退出"实时缩放"。

（2）窗口缩放。窗口缩放是通过指定的两个角点定义一个需要缩放的窗口范围，快速放大该窗口内的图形至整个屏幕。

（3）比例缩放。以屏幕中心为基准，按比例缩放视图。若直接输入一个比例因子，表示相对于"图形界限"进行缩放；若在输入的比例值后加上字母"x"，表示相对于当前视图缩放；若在输入的比例值后加上字母"xp"，则表示相对于图纸空间单位缩放。

（4）全部缩放。全部缩放是按照"图形界限"或以图形的范围尺寸来显示图形。该选项可使用户在当前视窗中观察到全图，即使有些超出"图形界限"。

（5）范围缩放。将所有的图形对象显示在屏幕上，使图形充满屏幕。与全部缩放不同的是，范围缩放使用的显示边界只是图形范围而不是"图形界限"。

（6）缩放上一个。每次执行缩放，都将保存起来，执行"缩放上一个"将上一次图形显示调出，最多可恢复此前的 10 个视图。

4.4.2　平移视图

平移视图可以重新定位图形，在任何方向上移动观察图形，以便看清图形的其他部分。此时，不会改变图形中对象的几何位置或比例，只改变显示的位置。

1. 命令

- 命令行输入：PAN（缩写名：P，可透明使用）。
- 菜单命令："视图"→"平移"→由级联菜单列出各选项。
- 图标按钮："标准"工具栏 。

2. 说明

选择"实时平移"后，光标变成一只小手，按住鼠标左键移动光标，当前视图就会随着光标的移动而移动。按 Esc 键或按 Enter 键可以随时退出"实时平移"状态。

4.4.3　重画

1. 命令

- 命令行输入：REDRAW（缩写名：R，可透明使用）。
- 菜单命令："视图"→"重画"。

2. 功能

图形"重画"是在显示内存中更新屏幕，它不需要重新计算图形，因此显示速度较快。

"重画"将删除用于标示指定点的点标记或临时标记，还可以更新当前窗口。

4.4.4　重生成

1. 命令
• 命令行输入：REGEN（缩写名：RE）。
• 菜单命令："视图"→"重生成"。

2. 功能

如果一直用某个命令修改编辑图形，但该图形好像看上去变化不大，此时可以使用"重生成"命令更新屏幕显示。另外，当视图被放大以后，图形的分辨率将降低，许多弧线都变成了直线段，这就需要用视图的重生成来显示新的视图。图形重生成需要计算当前图形的尺寸，并将重新计算过的图形存储在显示内存中，当图形较复杂时，重生成过程需占用较长的时间，因此比"重画"命令慢。

4.5　对象特性的设置与控制

对象特性是指对象的图层、颜色、线型、线宽和打印样式等，它是 AutoCAD 提供的另一类辅助绘图命令。图层类似于透明胶片，用来分类组织不同的图形信息；颜色可用来区分图形中相似的图形对象；线型可以很容易区分不同的图形对象（如实线、虚线、点划线等）；同一线型的不同线宽可用来表示不同的表达对象（如工程制图中的粗线和细线）；打印样式可控制图形的输出形式。用图层来组织和管理图形对象可使得图形的信息管理更加清晰。

4.5.1　图层设置

图层是 AutoCAD 用来组织图形的有效工具之一，AutoCAD 图形对象必须绘制在某一层上。AutoCAD 的图层可以被假想为一张没有厚度的透明纸，上边画着属于该层的图形对象。图形中所有这样的图层叠放在一起，就组成了一个 AutoCAD 的完整图形。

AutoCAD 提供的图层特性管理器，使用户可以方便地对图层进行操作，例如创建新图层，设置当前层，修改图层颜色、线型、线宽，以及打开/关闭图层、冻结/解冻图层、锁定/解锁图层等。

1. 命令
• 命令行输入：LAYER（缩写名：LA，可透明使用）。
• 菜单命令："格式"→"图层"。
• 图标按钮："图层"工具栏 。

2. 功能
对图层进行操作，控制其各项特性。

3. 说明
命令执行后，系统打开如图 4-23 所示的"图层特性管理器"对话框，利用此对话框可对图层进行各种操作。

（1）创建新图层。单击"新建图层"按钮 可创建新的图层，新图层的特性将继承 0 层的特性或继承已选择的某一图层的特性。新图层的名称默认为"图层 n"，显示在中间的图

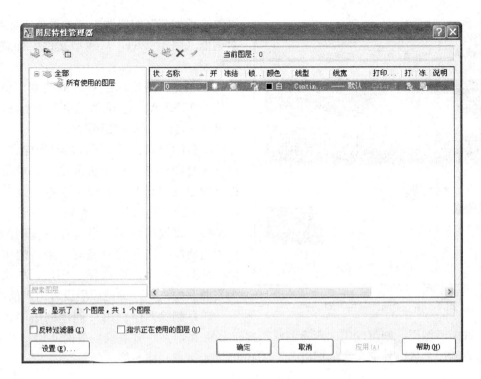

图 4-23　"图层特性管理器"对话框

层列表中，用户可以立即更名。

　　每一图层对应有一个图层名，图层名可以使用中文。用户可以根据需要创建图层，数量不限。

　　(2) 图层列表框。在"图层特性管理器"中有一个图层列表框，列出了用户指定范围的所有图层，其中 0 层为 AutoCAD 系统默认的图层。每一图层都有一状态条说明该层的特性，内容如下。

　　•名称：列出图层名。

　　•开：有一灯泡形图标，单击此图标可以打开/关闭图层。灯泡发光，说明该层打开，则该层上的对象可见；灯泡变暗，说明该层关闭，则该层上的对象从屏幕上消失。

　　•冻结：有一太阳形/雪花形图标，单击此图标可以冻结/解冻图层。图标为太阳说明该层处于解冻状态，图标为雪花说明该层被冻结。图层冻结，该层上的对象不仅在屏幕上不可见，而且也不能打印输出。另外，在图形重生成时，冻结图层上的对象不参加计算。注意当前层不能冻结。

　　•锁定：有一锁形图标，单击此图标可以锁定/解锁图层。图标为打开的锁说明该层处于解锁状态，图标为闭合的锁说明该层被锁定。图层锁定，该层上的对象仍然可见，但不能对其进行删除、移动等图形编辑操作。

　　•颜色：有一色块形图标，单击此图标将弹出"选择颜色"对话框（图 4-24），可修改图层颜色。

　　•线型：列出图层对应的线型名，单击线型名，将弹出"选择线型"对话框（图 4-25），可以从已加载的线型中选择一种替代该图层线型；如果对话框中列出的线型不够，

图 4-24　"选择颜色"对话框

可单击"加载"按钮调出"加载或重载线型"对话框（图 4-26），从线型文件中加载所需的线型。

·线宽：列出图层对应的线宽。单击线宽值，AutoCAD 打开"线宽"对话框（图4-27），可用于修改图层的线宽。

·打印样式：显示图层的打印样式。

·打印：有一打印机形图标，单击它可控制图层的打印特性，图标上有一红色斜线时表明该层不可被打印，否则可打印。

（3）设置当前层。当前作图使用的图层称为当前层。当前层只能有一个，但可以切换。从图层列表框中选择一图层，单击"置为当前"按钮，即把该层设置为当前图层。

（4）删除图层。用户创建的图层若没有使用，选中该图层，则可以用"删除图层"按钮 × 将其删去。但系统创建的 0 层、当前层、包含对象的层、依赖外部参照的层以及 Defpoints（定义点）层不能被删除。

4.5.2　颜色设置

颜色也是 AutoCAD 图形对象的重要特性。在 AutoCAD 颜色系统中，图形对象的颜色设置可分为以下几种。

·随层（ByLayer）：按对象所在图层，具有该层所对应的颜色。

·随块（ByBlock）：当对象创建时，具有系统默认设置的颜色（白色）；当该对象定义到块中，并插入到图形中时，具有块插入时所对应的颜色（块的概念将在后续章节介绍）。

·指定颜色：图形对象不随层、不随块时，可以具有独立于图层和图块的颜色。

因此，根据具体的设置，画在同一图层中的图形对象，可以具有随层的颜色，也可以具有独立的颜色。

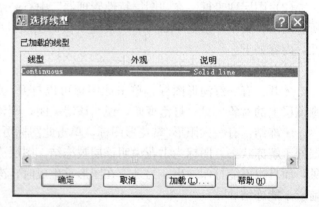

图 4-25　"选择线型"对话框

用户可以使用"特性"工具栏的"颜色控制"下拉列表（图 4-28）改变图形对象的颜色或为新创建对象设置颜色。要改变图形对象的颜色，应先选取图形对象，然后从颜色列表框中选择所需要的颜色；为新创建对象设置颜色，可以直接从颜色列表框中选取颜色，它显示为当前颜色，AutoCAD 将以此颜色绘制新创建的对象。

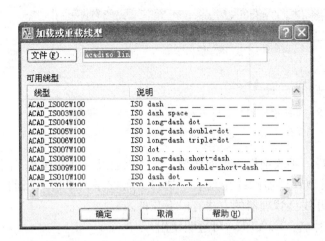

图 4-26　"加载或重载线型"对话框　　　　　　图 4-27　"线宽"对话框

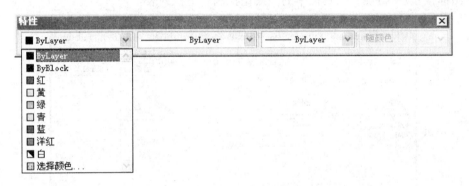

图 4-28　"颜色控制"下拉列表

4.5.3　线型设置

线型是 AutoCAD 图形对象的另一重要特性。在公制测量系统中，AutoCAD 提供了线型文件 acadiso. lin，其以毫米为单位定义了各种线型（如虚线、点划线等）的划长、间隔长等。AutoCAD 支持多种线型，用户可以根据具体情况选用，例如中心线一般采用点划线，可见轮廓线采用粗实线，不可见轮廓线采用虚线等。

和颜色类似，AutoCAD 中图形对象的线型设置也有三种方式。

•随层（ByLayer）：按对象所在图层，具有该层所对应的线型。

•随块（ByBlock）：当对象创建时，具有系统默认设置的线型（Continuous）；当该对象定义到块中，并插入到图形中时，具有块插入时所对应的线型。

•指定线型：图形对象不随层、不随块，而是具有独立于图层和图块的线型。

1. 修改图形对象的线型

用户可通过"特性"工具栏中的"线型控制"下拉列表（图 4-29）修改对象线型。先选中要修改线型的对象，然后在下拉列表中选择某一线型，则该对象的线型就改为所选线型。

图 4-29 "线型控制"下拉列表

2. 为新建图形对象设置线型

用户可以直接从线型列表框中选择一种线型作为当前线型，也可以通过线型管理器（图 4-30）为新建的图形设置线型。在线型管理器的线型列表中选择一种线型，单击"当前"按钮，即可把它设置为当前线型。打开线型管理器的方法有以下几种。

- 命令行输入：LINETYPE（缩写名：LTYPE，可透明使用）。
- 菜单命令："格式"→"线型"。
- 图标按钮："特性"工具栏中的"线型控制"下拉列表。

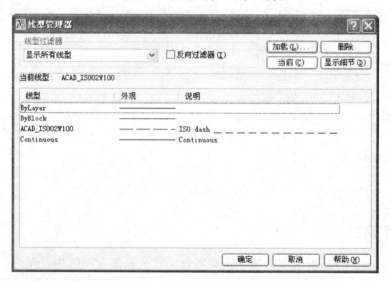

图 4-30 线型管理器

3. 线型比例

AutoCAD 还提供了线型比例的功能，即对一个线段，在总长度不变的情况下，用线型比例来调整线型中短划、间隔的显示长度。该功能通过 LTSCALE 命令实现。

命令行输入：LTSCALE（缩写名：LTS，可透明使用）

格式：

```
命令:LTSCALE↙
输入新线型比例因子<1.0000>:(输入新值并按 Enter 键)
```

此时，AutoCAD 根据新的比例因子自动重新生成图形。比例因子越大，则线段越长。

4.6 查询对象的几何特性

查询工具对于设计和绘图非常有用,通过它可以获取图形对象的距离、面积、点坐标的精确数值及坐标位置和方位等信息,还可以确定实体的质量特性,如实体的质量、体积、质心、惯性矩、旋转半径等。这对于抽象问题中的点到直线、两平行直线、两平行平面之间的距离等几何量定量问题的精确求解,对于实际问题中零部件的质量特性的确定及力学设计,都可以更直接、准确和高效。

4.6.1 查询点坐标

使用坐标查询命令可以列出指定位置的 X、Y、Z 坐标值。

1. 命令

• 命令行输入:ID(可透明使用)。
• 菜单命令:"工具" → "查询" → "点坐标"。
• 图标按钮:"查询"工具栏🔲。

2. 格式

命令:ID↙
指定点:(指定需要查询点的位置,为提高查询的准确性,可配合对象捕捉进行)

----

3. 实例

将长度和角度精度设置为小数点后三位,绘制如图 4 - 31 所示图形,求 B 点坐标。

解:

(1) 利用 UNITS 命令修改长度和角度精度为三位小数。

(2) 按图示标注绘制图形,注意 A 点要设置在坐标原点;(详细步骤略)。

(3) 执行 ID 命令。当提示 "指定点:" 时,利用对象捕捉的 "交点" 模式选中 B 点。系统提示该点的坐标:

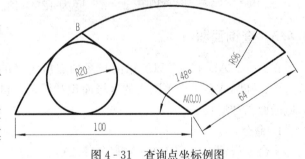

图 4 - 31 查询点坐标例图

X=−62.421   Y=44.816   Z=0.000

4.6.2 查询距离和角度

在 AutoCAD 中,可以查询两个指定点之间的距离和角度,使用对象捕捉准确定位点,两点间的距离和角度信息就会显示。

1. 命令

• 命令行输入:DIST(缩写名:DI,可透明使用)。
• 菜单命令:"工具" → "查询" → "距离"。

• 图标按钮:"查询"工具栏▬▬。

2. 格式

命令:DIST✓
指定第一点:(指定需要查询距离的第一个点位置)
指定第二点:(指定需要查询距离的第二个点位置)

---

3. 说明

(1) 该命令查询的是两点之间的空间距离。

(2) 查询结果中的"XY 平面中的倾角"是两点的虚构线在 XY 平面内的投影与 X 轴的夹角。

(3) 查询结果中的"与 XY 平面的夹角"是两点的虚构线与 XY 平面所构空间角。

4. 实例

将长度和角度精度设置为小数点后三位,绘制如图 4-32 所示图形,求 AB 的长度。

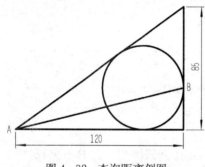

图 4-32 查询距离例图

解:

(1) 利用 UNITS 命令修改长度和角度精度为三位小数。

(2) 按图示标注绘制图形;(详细步骤略)。

(3) 执行 DIST 命令。当提示"指定第一点:"时,利用对象捕捉的"交点"模式选中 A 点;当提示"指定第二点:"时,利用对象捕捉的"交点"模式选中 B 点。系统提示"距离=123.448,…",即 AB 长度为 123.448。

4.6.3 查询面积

在 AutoCAD 中,可以测量由一系列点所定义的区域的面积和周长;由圆、样条曲线、多边形、椭圆或多段线等围成的区域面积和周长;包含一些正面积和负面积(有孔)的合成区域的面积和周长。

1. 命令

• 命令行输入:AREA(缩写名:AA)。

• 菜单命令:"工具"→"查询"→"面积"。

• 图标按钮:"查询"工具栏▬▬。

2. 格式

命令:AREA✓
指定第一个角点或[对象(O)/加(A)/减(S)]:

---

3. 功能

该命令提供了以下计算面积和周长的方式：

• 按序列点计算面积通过"指定第一个角点"选项，可以选择构成测量面积区域的点，当所有的点都选定后，按 Enter 键，面积将显示出来。这是默认方式。

• 计算封闭对象的面积和周长通过"对象（O）"选项可以查询由对象所围成的区域面积。

• 利用加、减方式计算组合面积通过"加（A）"选项，可以以"加"方式计算几何面积；通过"减（S）"选项，可以以"减"方式计算几何面积。

4. 实例

将长度和角度精度设置为小数点后三位，绘制如图 4 - 33 所示图形，查询阴影部分的面积。

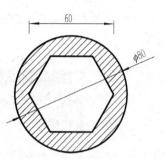

图 4 - 33　查询面积例图

解：

（1）利用 UNITS 命令修改长度和角度精度为三位小数。

（2）按图示标注分别用 CIRCLE 命令和 POLYGON 命令绘制图形；（详细步骤略）。

（3）执行 AREA 命令。操作过程如下：

命令：AREA✓

指定第一个角点或[对象(O)/加(A)/减(S)]：a✓　　　（选择"加"模式）

指定第一个角点或[对象(O)/减(S)]：o✓　　　（选择"对象"模式）

（"加"模式）选择对象：　　　（选择圆）

面积 = 5026.548，圆周长 = 251.327

总面积 = 5026.548

（"加"模式）选择对象：　　　（按 Enter 键结束）

指定第一个角点或[对象(O)/减(S)]：s✓　　　（选择"减"模式）

指定第一个角点或[对象(O)/加(A)]：o✓　　　（选择"对象"模式）

（"减"模式）选择对象：　　　（选择正六边形）

面积 = 2338.269，周长 = 180.000

总面积 = 2688.280

（"减"模式）选择对象：　　　（按 Enter 键结束）

指定第一个角点或[对象(O)/加(A)]：　　　（按 Enter 键结束）

（4）通过以上的步骤可以得到所查图形的面积为 2688.280。

4.6.4　查询面域/质量特性

在 AutoCAD 中，除了可以查询坐标、长度、面积等几何特性以外，还可以计算面域或三维实体的质量特性。

1. 命令

• 命令行输入：MASSPROP。

- 菜单命令:"工具"→"查询"→"面域/质量特性"。
- 图标按钮:"查询"工具栏 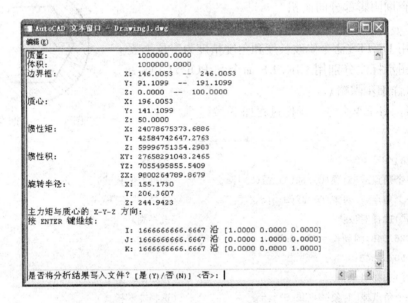。

2. 格式

命令:MASSPROP ↙

选择对象:(选择需要查询的对象,可多选)

选择对象:(继续选择需要查询的对象或按 Enter 键退出)

选中对象并确认后,系统会弹出如图 4 - 34 所示的文本窗口,以列表的形式显示查询结果。

图 4 - 34 "面域/质量特性"查询结果显示文本窗口

若在"是否将分析结果写入文件? [是(Y)/否(N)] <否>:"提示下选择"是(Y)",则可以将查询结果以 .mpr 后缀文件保存,该文件可以用 Windows 系统自带的"记事本"程序打开。

4.6.5 列表查询

列表查询可以将所选中对象的各种信息,如对象类型、所在空间、图层、大小、位置等特性在文本框中以列表的方式显示。

1. 命令

- 命令行输入:LIST(缩写名:LS)。
- 菜单命令:"工具"→"查询"→"列表显示"。
- 图标按钮:"查询"工具栏 。

2. 格式

- -

命令:LIST↙

选择对象:(选择需要查询的对象,可多选)

选择对象:(继续选择需要查询的对象或按 Enter 键退出)

- -

选中对象并确认后,系统会弹出如图 4 - 35 所示的文本窗口,以列表的形式显示查询结果。

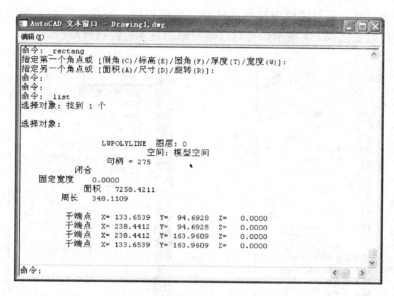

图 4 - 35 "列表显示"文本窗口

4.7 修改对象特性和特性匹配

AutoCAD 提供了修改对象特性的功能,可执行 PROPERTIES 命令打开"特性"对话框来实现。其中包含对象的图层、颜色、线型、线宽、打印样式等基本特性,以及该对象的几何特性,可根据需要进行修改。

另外,AutoCAD 提供的特性匹配命令 MATCHPROP 可以方便地将一个图形的图层、线型、线宽等特性赋予另一个对象,而不用再逐项设定,可大大提高绘图效率,保证对象的一致性。

4.7.1 修改对象特性

1. 命令

- 命令行输入:PROPERTIES(缩写名:PR)。
- 菜单命令:"修改"→"特性"。
- 图标按钮:"标准"工具栏 。

2. 功能

修改对象的图层、颜色、线型、线型比例、线宽、厚度等基本属性及其几何特性。

3. 格式及说明

执行命令后，打开"特性"对话框，如图 4-36 所示。其中列出了所选对象的基本特性和几何特性，可根据需要进行相应的修改。

选择的对象不同，对话框中显示的内容也不同。选取一个对象，可修改的内容包括图层、颜色、线型、线型比例、线宽、厚度等基本特性以及线段长度、角度、坐标、直径等几何特性。图 4-36 为修改直线特性的对话框。

如选取多个对象，则对话框中只显示这些对象的图层、颜色、线型、线型比例、线宽、厚度等基本特性，如图 4-37 所示，可对这些对象的基本特性进行修改。

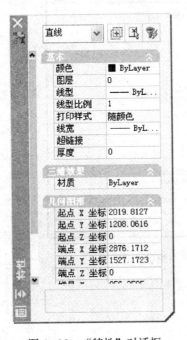

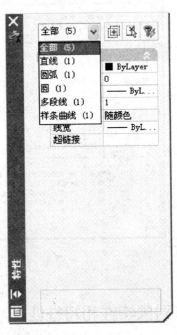

图 4-36 "特性"对话框   图 4-37 选取多个对象时"特性"对话框

4.7.2 特性匹配

1. 命令

• 命令行输入：MATCHPROP（缩写名：MA）。

• 菜单命令："修改"→"特性匹配"。

• 图标按钮："标准"工具栏 ✎ 。

2. 功能

把源对象的图层、颜色、线型、线型比例、线宽、厚度等基本特性复制到目标对象。

3. 格式及说明

命令:MATCHPROP↙

选择源对象:(拾取 1 个对象)

当前活动设置：颜色　图层　线型　线型比例　线宽　厚度　打印样式　标注　文字　填充图案　多段线　视口　表格材质　阴影显示　多重引线

选择目标对象或[设置(S)]:(拾取目标对象,可选取多个)

选择目标对象或[设置(S)]:↙

则源对象的图层、颜色、线型、线型比例和厚度等特性将复制到目标对象。

选择选项"设置（S）"，将打开"特性设置"对话框，如图 4 - 38 所示，从中可设置复制源对象的指定特性。

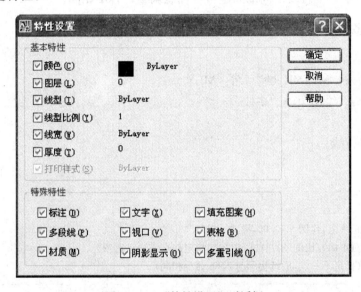

图 4 - 38　"特性设置"对话框

第5章 创建复杂二维图形对象

5.1 多线

多线就是由多条平行线组成的对象，这些平行线称为元素。平行线的数量可以是 1 至 16 之间的任何数字，平行线之间的间距可以任意调整，各不相同。

5.1.1 绘制多线

1. 命令
- 命令行输入：MLINE（缩写名：ML）。
- 菜单命令："绘图"→"多线"。

2. 功能
创建多条平行线。

3. 格式

- -

命令:MLINE↙
当前设置:对正 = 上,比例 = 20.00,样式 = STANDARD
指定起点或[对正(J)/比例(S)/样式(ST)]:(指定起点或输入选项)
指定下一点:(指定下一点,后续提示与 LINE 命令相同)

- -

4. 选项说明
- 对正：设置多线对正的方式，可从"上（T）/无（Z）/下（B）"中选择，默认的对正方式为"上（T）"。
- 比例：控制所绘制多线相对于定义宽度的比例，该比例不影响线型比例。
- 样式：指定多线的样式，默认的样式为"STANDARD"。多线的样式可以通过 ML-STYLE 命令从图 5 - 1 所示的"多线样式"对话框中定义（可定义的内容包括平行线的数量、线型、间距等）。

5.1.2 编辑多线

1. 命令
- 命令行输入：MLEDIT。
- 菜单命令："修改"→"对象"→"多线"。

2. 功能
编辑多线，设置多线之间的相交方式。

3. 对话框说明及其操作
启动多线编辑命令后，弹出如图 5 - 2 所示的"多线编辑工具"对话框。

"多线编辑工具"选项组中各个编辑工具的功能如下：

• 十字闭合、十字打开、十字合并。这三项编辑工具用于创建各种十字形相交线，具体效果如图5-3所示。

• T形闭合、T形打开、T形合并。这三项编辑工具主要用来创建各种T形相交线，具体效果如图5-4所示。

• 角点结合。"角点结合"工具用来消除多线一侧的延伸线而形成直角，如图5-4所示。

• 添加顶点、删除顶点。这两项编辑工具用于为多线增加和删除若干顶点。

• 单个剪切、全部剪切、全部结合。这三项编辑工具主要用来对多线进行切断和将已切断的多线进行连接。

图 5-1　"多线样式"对话框

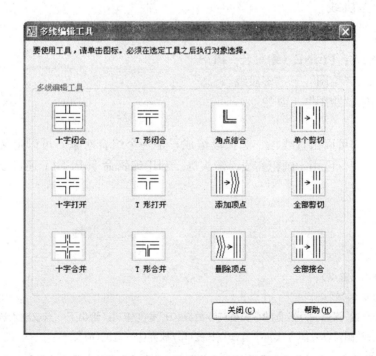

图 5-2　"多线编辑工具"对话框

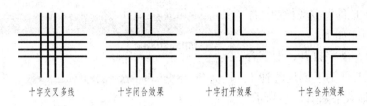

十字交叉多线　　　十字闭合效果　　　十字打开效果　　　十字合并效果

图 5-3　"十字闭合"、"十字打开"、"十字合并"工具编辑效果

十字交叉多线　　T形闭合效果　　T形打开效果　　T形合并效果　　角点结合效果

图 5-4　"T形闭合"、"T形打开"、"T形合并"、"角点结合"工具编辑效果

5.2　多段线

多段线是由多段直线段和圆弧线段组成的对象，在 AutoCAD 中它是作为单独对象使用的，它既可以作为一个整体进行编辑，也可以单独编辑。

5.2.1　绘制多段线

1. 命令
- 命令行输入：PLINE（缩写名：PL）。
- 菜单命令："绘图"→"多段线"。
- 图标按钮："绘图"工具栏⤴。

2. 功能

画多段线。它可以由直线段、圆弧段组成，是一个组合对象。可以定义线宽，每段起点、端点宽度可变。可用于画粗实线、箭头等。利用编辑命令 PEDIT 还可以将多段线拟合成曲线。

3. 格式

命令:PLINE↙
指定起点:(给出起点)
当前线宽为 0.0000
指定下一个点或[圆弧(A)/半宽(H)/长度(L)/放弃(U)/宽度(W)]:(给出下一点或输入选项)
指定下一点或[圆弧(A)/闭合(C)/半宽(H)/长度(L)/放弃(U)/宽度(W)]:

----

4. 选项说明
- H 或 W：定义线宽。

- C：用直线段闭合。
- U：放弃一次操作。
- L：确定直线段长度。
- A：转换成画圆弧段模式。

指定圆弧的端点或
[角度(A)/圆心(CE)/闭合(CL)/方向(D)/半宽(H)/直线(L)/半径(R)/第二个点(S)/放弃(U)/宽度(W)]:

直接给出圆弧端点，则此圆弧段与上一段相切连接。选择 A、CE、D、R、S 等均为给出圆弧段的第二个参数，相应会提示第三个参数。选择 L 将转换成画直线段提示。按 Enter 键结束命令。

5.2.2　编辑多段线

1. 命令
- 命令行输入：PEDIT（缩写名：PE）。
- 菜单命令："修改"→"对象"→"多段线"。
- 图标按钮："修改Ⅱ"工具栏⚲。

2. 功能
用于对二维多段线、三维多段线和三维多边形网格的编辑，对二维多段线的编辑包括修改线宽、曲线拟合、多段线合并和顶点编辑等。

3. 格式

命令:PEDIT↙
选择多段线或[多条(M)]:(选定一条多段线或输入 M然后选择多条多段线)
输入选项[闭合(C)/合并(J)/宽度(W)/编辑顶点(E)/拟合(F)/样条曲线(S)/非曲线化(D)/线型生成(L)/放弃(U)]:(输入一选项)

在"选择多段线或［多条（M）］:"提示下，若选中的对象不是多段线，而是直线段或圆弧，则提示：

选定的对象不是多段线
是否将其转换为多段线？＜Y＞

如用 Y 来响应，则选中的直线段或圆弧将转换成二维多段线。

4. 选项说明
- 闭合（C）或打开（O）：用于将开式多段线闭合或将闭合多段线打开。
- 合并（J）：用于将直线段、圆弧段或多段线连接到指定的非闭合的多段线上。能合并的条件是各段端点首尾相连。

• 宽度（W）：修改整条多段线的线宽。

• 编辑顶点（E）：进入顶点编辑模式，在多段线某一顶点处出现一斜十字，此为当前顶点标记，按提示可对其进行多种编辑操作。

• 拟合（F）：生成圆弧拟合曲线，该曲线由圆弧段光滑连接（相切）组成。

• 样条曲线（S）：生成 B 样条曲线，多段线的各顶点成为样条曲线的控制点。

• 非曲线化（D）：取消多段线中的圆弧段（用直线段代替）。

• 线型生成（L）：控制多段线的线型生成方式，即使用虚线、点划线等线型时，如为开（ON），则按多段线全线的起点与终点分配线型中各线段；如为关（OFF），则分别按多段线各段来分配线型中各线段。如图 5-5 所示，图 5-5（a）所示为 OFF，图 5-5（b）所示为 ON。

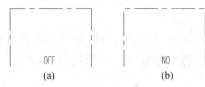

图 5-5 控制多段线的线型生成

• 放弃（U）：取消最后一次的编辑操作。

5.3 样条曲线

样条曲线广泛应用于曲线、曲面造型领域，AutoCAD 使用 NURBS（非一致有理 B 样条）来创建样条曲线。

5.3.1 绘制样条曲线

1. 命令

• 命令行输入：SPLINE（缩写名：SPL）。

• 菜单命令："绘图"→"样条曲线"。

• 图标按钮："绘图"工具栏 ～。

2. 功能

创建样条曲线，也可以将由 PEDIT 命令创建的样条拟合多段线转化为真样条曲线。

3. 格式

```
命令：SPLINE↙
指定第一个点或[对象(O)]：(输入第一点)
指定下一点：(输入第二点，这些输入点称为样条曲线的拟合点)
指定下一点或[闭合(C)/拟合公差(F)]<起点切向>：(输入点或按 Enter 键结束点的输入)
指定起点切向：
指定端点切向：
(如输入 C 选项后，要求输入闭合点处切线方向)
指定切向：
```

4. 选项说明

• 对象（O）：要求选择一条用 PEDIT 命令创建的样条拟合多段线，把它转换为真样条曲线。

• 拟合公差（F）：控制样条曲线偏离拟合点的状态。默认值为零，样条曲线严格地经过拟合点。拟合公差越大，曲线对拟合点的偏离越大。

5.3.2　编辑样条曲线

1. 命令
• 命令行输入：SPLINEDIT（缩写名：SPE）。
• 菜单命令："修改"→"对象"→"样条曲线"。
• 图标按钮："修改Ⅱ"工具栏 ✐。

2. 功能
用于对由 SPLINE 命令生成的样条曲线的编辑操作，包括修改样条曲线的起点及终点的切线方向、修改拟合偏差值、移动控制点的位置及增加控制点、增加样条曲线的阶数、给指定的控制点加权，以修改样条曲线的形状；也可以修改样条曲线的打开或闭合状态。

3. 格式

- -

命令：SPLINEDIT ↙
选择样条曲线：(拾取一条样条曲线)
输入选项[拟合数据(F)/闭合(C)/移动顶点(M)/精度(R)/反转(E)/放弃(U)]：

- -

输入不同的选项，可以对样条曲线进行多种形式的编辑操作。

5.4　图案填充与编辑

AutoCAD 提供的图案填充功能可用于绘制剖面符号或剖面线，以表现断面形状、用料和绿化等。

5.4.1　创建图案填充

1. 命令
• 命令行输入：HATCH（缩写名：H、BH）。
• 菜单命令："绘图"→"图案填充"。
• 图标按钮："绘图"工具栏 ▨。

2. 功能
调用"图案填充和渐变色"对话框（图 5-6），实施图案填充，可进行如下操作：
（1）选择图案类型，调整有关参数。
（2）选定填充区域，自动生成填充边界。
（3）选择填充样式。
（4）控制关联性。
（5）预览填充效果。

3. 对话框操作说明
"图案填充和渐变色"对话框包含"图案填充"和"渐变色"两个选项卡，默认打开的

图 5-6 "图案填充和渐变色"对话框

是"图案填充"选项卡。其主要选项及操作说明如下。

• "类型"：用于选择图案类型，可选项为"预定义"、"用户定义"和"自定义"。

• "图案"：显示当前图案填充名，单击其后的"…"按钮将弹出"填充图案选项板"对话框，显示当前图案文件中各图案的图像块菜单（图 5-7），供用户选择。

当选择"用户定义"类型的图案时，可用"间距"文本框控制平行线的间隔，用"角度"下拉列表框控制平行线的倾角，并用"双向"复选框控制是否生成网格形图案。

• "样例"：显示当前填充图案。

• "角度"：控制填充图案相对水平方向的倾斜角度。

• "比例"：控制填充图案的比例。

• "图案填充原点"：控制填充图案生成的起始位置。在绘图过程中，某些图案（如砖块图案）需要与图案填充边界上的一点对齐，或在剖视图中采用"剖中剖"时，可通过改变图案填充原点的方法使剖面线错开。默认情况下，所有图案填充原点都对应于当前的 UCS 原点。

• "添加：拾取点"：提示用户在图案填充边界内任选一点，系统按一定的方式自动搜索，从而生成封闭边界。

• "添加：选择对象"：用选择对象的方法确定填充边界。

• "关联"：默认设置为生成关联图案填充，即图案填充与填充边界是关联的，此时修

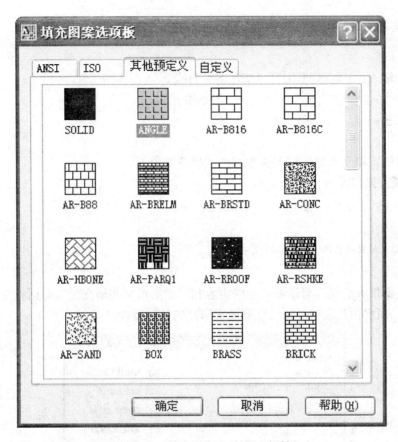

图 5-7 "填充图案选项板"对话框

改边界将影响已填充的图案。

• "创建独立的图案填充"：选择该选项，在将同一个填充图案同时应用于图形的多个区域时，每个填充区域都是一个独立的对象。以后，用户可以修改一个区域中的图案填充，而不会改变其他区域中的图案填充。

• "预览"：预览填充效果，以便于及时调整修改。

• "确定"：按所选的设置绘制图案填充。

4. 图案填充操作过程

图案填充的操作过程如下：

（1）设置用于图案填充的图层为当前层。

（2）启动 HATCH 命令，出现"图案填充和渐变色"对话框。

（3）确认或修改"选项"选项组中"关联"和"创建独立的图案填充"设置。

（4）选择图案填充类型，并根据所选类型设置图案特性参数，也可用"继承特性"选项，继承已画好的某个图案填充对象。

（5）通过"拾取点"或"选择对象"的方式定义图案填充边界。

（6）必要时，可预览图案填充效果。若不满意，可按 Esc 键返回对话框调整相关参数。

（7）单击"确定"按钮，绘制图案填充。

5.4.2 图案填充的编辑

1. 命令

- 命令行输入：HATCHEDIT（缩写名：HE）。
- 菜单命令："修改"→"对象"→"图案填充"。
- 图标按钮："修改Ⅱ"工具栏 。

2. 功能

修改已有图案填充对象的图案类型和图案特性参数等。

3. 格式及其操作说明

命令:HATCHEDIT↙

选择图案填充对象:(选择一个图案填充对象)

出现"图案填充编辑"对话框，它的内容和"图案填充和渐变色"对话框完全一样，如图 5-8 所示。利用相关选项可修改已有图案填充的各项特性。

图 5-8 "图案填充编辑"对话框

5.5 由图形生成边界、面域

5.5.1 创建边界

在实际的绘图工作中有时需要得到一个封闭的边界（比如查询面积、三维建模中），而这个边界用前面绘图的方法是非常繁琐的，而且有时候图形不允许修剪。用创建边界的方法则可以方便地生成所需的边界。

边界是一个封闭区域，可以是直线、多段线、圆、圆弧、椭圆、椭圆弧和样条曲线的组合，必须是封闭的，不得有缝隙，否则边界创建失败。

1. 命令

- 命令行输入：BOUNDARY（缩写名：BO）。
- 菜单命令："绘图"→"边界"。

2. 功能

调用"边界创建"对话框，如图 5 - 9 所示。

- 拾取点：只需要指定需要定义边界的内部任意一点，系统会绕该点搜索最小的一个环绕封闭边界。
- 孤岛检测：检测是否在创建的边界内部存在内部闭合边界——孤岛，对孤岛是否创建环绕边界。如图 5 - 10（a）所示进行孤岛检测，则创建两个边界；图 5 - 10（b）不进行孤岛检测，创建一个边界。
- 对象类型：生成的边界默认是多段线，也可以是面域。

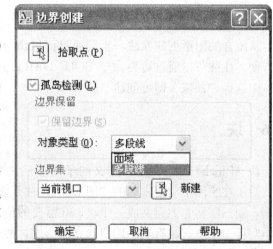

图 5 - 9　"边界创建"对话框

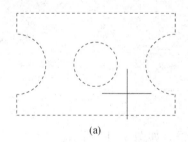

(a)

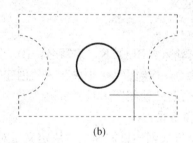

(b)

图 5 - 10　孤岛检测

（a）进行孤岛检测；（b）不进行孤岛检测

5.5.2　创建面域

面域是由封闭区域形成的 2D 实体对象，其边界可以由直线、多段线、圆、椭圆或圆弧等对象形成。在 AutoCAD 中，面域与矩形、圆等图形虽然都是封闭的，但本质不同。矩形和圆只包含边的信息，没有面的信息，属于线框模型；而面域既包含边的信息又包含面的信息，属于实体模型。创建面域的目的主要是为建立三维模型做准备。

1. 命令

- 命令行输入：REGION（缩写名：REG）。
- 菜单命令："绘图"→"面域"。
- 图标按钮："绘图"工具栏◉。

2. 格式

命令:REGION↙

选择对象:(选择要创建面域的边界对象)

选择对象:(继续选择对象或按 Enter 键结束)

已提取 n 个环。

已创建 n 个面域。

从闭合的图形创建面域,直接通过面域命令 REGION 要求选择对象来创建,所以不是很方便。往往可以通过边界命令 BOUNDARY 创建,在"边界创建"对话框中的"对象类型"中选择"面域"即可创建(图 5-9)。

5.6 块

块(Block)是可由用户定义的子图形,它是 AutoCAD 提供给用户的最有用的工具之一。对于在绘图中反复出现的"图形"(往往是多个图形对象的组合),不必一遍又一遍重复地画,而只需将它们定义成一个块,在需要的位置插入即可。还可以给块定义属性,在插入时填写可变信息。块有利于用户建立图形库,便于对子图形的修改和重定义,同时节省存储空间。

5.6.1 块定义

1. 命令
• 命令行输入:BLOCK(缩写名:B)。
• 菜单命令:"绘图"→"块"→"创建"。
• 图标按钮:"绘图"工具栏 。

2. 功能和格式
以对话框方式创建块,弹出"块定义"对话框,如图 5-11 所示。

对话框内选项说明如下。

• "名称":在名称下列列表框中指定块名。可以是中文或由字母、数字、下划线构成的字符串。

• "基点":在块插入时作为参照点。可单击"拾取点"按钮在绘图窗口拾取一点或直接输入 X、Y、Z 坐标值指定一点。

• "对象":指定定义在块中的对象。可以用构造选择集的各种方式选定组成块的对象,选择完毕后,返回对话框,并在下部显示"已选定 x 个对象"。

"保留":保留构成块的对象。

"转换为块":将定义块的图形对象转换为块对象。

"删除":定义块后,生成块定义的对象被删除。

• "方式":指定块的定义方式。

"注释性":指定块为注释性对象。

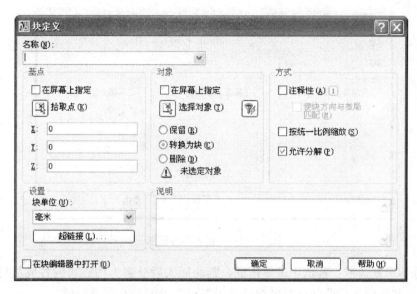

图 5 - 11　"块定义"对话框

"按统一比例缩放"：指定是否限定块参照按统一比例缩放。

"允许分解"：指定块参照是否可以被分解。

在定义完各选项后，单击"确定"按钮，如果用户指定的块名已被定义，则 AutoCAD 显示一个警告信息，询问是否更新定义，如果选择"是"，则同名的旧块定义将被取代。

3. 说明

(1) BLOCK 命令定义的块称为内部块，它保存在当前图形中，且只能在当前图形中用块插入命令引用。

(2) 块可以嵌套定义，即块成员可以包括插入的其他块。

5.6.2　块插入

1. 命令

- 命令行输入：INSERT（缩写名：I）。
- 菜单命令："插入"→"块"。
- 图标按钮："绘图"工具栏 。

2. 功能和格式

弹出"插入"对话框，如图 5 - 12 所示。将块或另一个图形文件按指定位置插入到当前图形中。插入时可改变图形的比例和旋转角度。

对话框操作说明如下。

(1) 利用"名称"下拉列表框，可以选择当前图形中已定义的块。

(2) 单击"浏览"按钮，弹出"选择文件"对话框，可选一图形文件插入到当前图形中，并在当前图形中生成一个内部块。

(3) 可以在对话框中输入参数指定插入点、缩放比例和旋转角度。若选中"在屏幕上指定"复选框，则可以在命令行依次出现相应的提示。

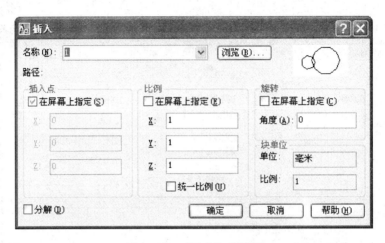

图 5-12   "插入"对话框

（4）"分解"复选框：若选中该复选框，则块插入后分解为构成块的各成员对象。对于未分解的块，在块插入后的任何时候都可以用 EXPLODE 命令将其分解。

5.6.3   块存盘

1. 命令

命令行输入：WBLOCK（缩写名：W）

2. 功能

将当前图形中的块或图形存为图形文件，以便其他图形文件引用，又称为"外部块"。

3. 操作及说明

执行命令后，屏幕上将弹出"写块"对话框，如图 5-13 所示。

图 5-13   "写块"对话框

主要选项说明如下。

- "源"：指定存盘对象的类型。

"块"：当前图形中已定义的块，可从下拉列表中选定。

"整个图形"：将当前图形文件存盘，相当于 SAVEAS 命令，但未被引用过的命名对象，如块、线型、图层、字样等不写入文件。

"对象"：将当前图形中指定的图形对象赋名存盘，相当于在定义图块的同时将其存盘。此时可在"基点"和"对象"选项组中指定块基点及组成块的对象和处理方法。

- "目标"：指定存盘文件的有关内容，如文件的名称和存储路径等。

第6章 文字、表格和尺寸标注

借助 AutoCAD 强大的绘图和编辑功能，可以精确地绘制各种工程图样，但只有图形还不足以完整地表达设计人员的意图，工程图样中必须加入一些必要的文字说明、数量表和尺寸标注，以表达有关图形元素的尺寸和材料信息或指导设计、施工等的具体要求。本章将介绍如何使用 AutoCAD 完成文字注释、编号、表格以及尺寸标注等工作。

6.1 使用文字

工程制图的很多地方都会用到文字标注，除了为所绘制的图形做必要的说明外，文字标注还出现在工程图样的标题栏、明细表等很多地方。不同位置可能需要采用不同的字体和样式，可以通过定义不同的文字样式来实现。

6.1.1 字体和文字样式

AutoCAD 系统使用的字体定义文件是一种形（Shape）文件，它存放在文件夹 Fonts 中，如 txt. shx、romans. shx、gbcbig. shx 等。除了形字体，用户还可以使用 Windows 提供的 True Type 字体，包括宋体、仿宋体、隶书、楷体等汉字字体和特殊字符，它们具有实心填充功能。

由一种字体文件，采用不同的高宽比、字体倾斜角度等可定义多种字样。系统默认的文字样式名为 Standard，用户可以使用 STYLE 命令定义或修改文字样式。

1. 命令

• 命令行输入：STYLE（缩写名：ST，可透明使用）。

• 菜单命令："格式"→"文字样式"。

• 图标按钮："文字"或"样式"工具栏 。

2. 功能

定义或修改文字样式、设置当前样式、删除已有样式以及重命名样式等。

3. 格式

启动 STYLE 命令后，打开如图 6-1 所示的"文字样式"对话框，从中可以选择字体，建立或修改文字样式。

在"文字样式"对话框中，也可使用 AutoCAD 提供的符合我国制图国家标准的长仿宋矢量字体。具体方法为：选中"使用大字体"复选框，然后在"大字体"下拉列表框中选择 gbcbig. shx。

6.1.2 单行文字

对于不需要使用多种字体的简短内容，可以使用单行文字命令。单行文字中的每一行文字都是独立的对象，可以根据需要单独调整每一行的格式、内容或位置。

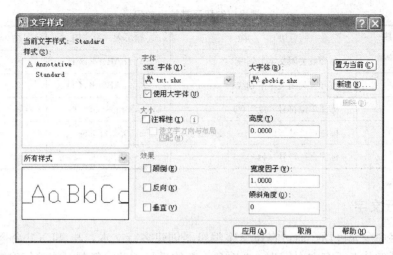

图 6-1　"文字样式"对话框

1. 命令

• 命令行输入：TEXT（缩写名：DT）。

• 菜单命令："绘图"→"文字"→"单行文字"。

• 图标按钮："文字"工具栏 **A**。

2. 功能

动态书写单行文字，在书写时所输入的字符动态显示在屏幕上，并用方框显示下一行文字书写的位置。书写完一行文字后按 Enter 键可继续输入下一行文字。利用此功能可创建多行文字，每一行文字为一个对象，可单独进行编辑修改。

3. 格式

命令:TEXT ↙

当前文字样式："Standard"　文字高度：2.5000　注释性：否

指定文字的起点或[对正(J)/样式(S)]:（拾取一点作为文字书写的起始点）

指定高度<2.5000>:（确定字符的高度）

指定文字的旋转角度<0>:（确定文本行的倾斜角度）

（输入第一行文字内容）

（输入下一行文字,或直接按 Enter 键结束命令）

---

4. 选项说明

• 对正（J）用于选择输入文本的对正方式。对正方式决定文本的哪一部分与所选的起始点对齐。

• 样式（S）确定当前使用的文字样式。

5. 文字输入中的特殊字符

对有些特殊字符，如直径符号"φ"、正负公差符号"±"、角度符号"°"等，AutoCAD 提供了控制码的输入方法。常用控制码及其输出效果见表 6-1。

表 6-1　　　　　　　　　　　　　　常用控制码及其输出效果

控 制 码	功 能	输 入 示 例	输 出 效 果
％％o	打开或关闭文字上划线	％％oAB％％oCD	$\overline{ABCD}$
％％u	打开或关闭文字下划线	％％uAB％％uCD	ABCD
％％d	标注单位符号"度"（°）	45％％d	45°
％％p	标注正负号（±）	50％％p0.5	50±0.5
％％c	标注直径符号（φ）	％％c100	φ100

6.1.3　多行文字

多行文字命令允许用户通过在位文字编辑器创建多行文本，与 TEXT 命令创建的多行文本不同的是，前者所有文本行为一个对象，整体进行移动、复制、旋转等编辑操作。在位文字编辑器与 Windows 的文字处理程序类似，可以灵活方便地输入文字，不同的文字可以采用不同的字体和文字样式，而且支持 True Type 字体、扩展的字符格式（如粗体、斜体、下划线等）、特殊字符，并可实现堆叠效果以及查找和替换功能等。多行文本的宽度由用户在屏幕上划定一个矩形框来确定，也可通过在位文字编辑器精确设置，文字书写到该宽度后自动换行。

1. 命令

- 命令行输入：MTEXT（缩写名：T 或 MT）。
- 菜单命令："绘图"→"文字"→"多行文字"。
- 图标按钮："文字"或"绘图"工具栏 **A**。

2. 功能

利用在位文字编辑器书写多行的段落文字，可以控制段落文字的宽度、对正方式，允许段落文字中的内容采用不同的样式、字体、高度、颜色和排列方式等，整个多行文字是一个对象。

3. 格式

```
命令:MTEXT↙
当前文字样式："Standard" 文字高度：10 注释性：否
指定第一角点:(指定矩形框的第一个角点)
指定对角点或[高度(H)/对正(J)/行距(L)/旋转(R)/样式(S)/宽度(W)/栏(C)]:(指定矩形框的另一个角点或输入选项)
```

在此提示下指定矩形框的另一个角点，则显示一个矩形框，文字按默认的左上角对正方式排布。当指定第二角点后，AutoCAD 弹出"在位文字编辑器"对话框（图 6-2），从中可输入和编辑多行文字，并进行多种文字参数的设置。

6.1.4　编辑文字

用户可以利用 DDEDIT 命令编辑已创建的文本对象。

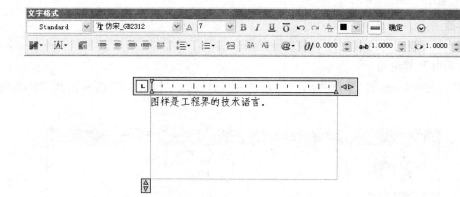

图 6 - 2　"在位文字编辑器"对话框

1. 命令
- 命令行输入：DDEDIT（缩写名：ED）。
- 菜单命令："修改"→"对象"→"文字"→"编辑"。
- 图标按钮："文字"工具栏 ⚟。

2. 功能
修改已经绘制在图形中的单行文字和多行文字。

3. 格式

命令：DDEDIT↙
选择注释对象或[放弃(U)]：

在此提示下选择需要修改的文字对象，如果选择的文本是用 TEXT 命令创建的单行文字，则文字内容将处于可编辑状态，可直接对其进行修改；如果选择的文本是用 MTEXT 命令创建的多行文字，选取后则打开"在位文字编辑器"对话框，可在该对话框中编辑文字。

利用 DDEDIT 命令只能修改单行文字的内容和多行文字的内容及格式，要一次修改文字的多个参数，用户还可以使用 PROPERTIES 命令编辑文字。PROPERTIES 命令不仅可以修改文本的内容，还可以修改文字所在的图层、文字颜色、文字高度、宽度比例、文字的位置等多种属性。

6.2　使用表格

在道路与桥梁工程制图中除了必要的文字说明外，经常还需要添加一些表格用于说明工程数量等，为此 AutoCAD 2008 专门提供了表格创建与管理工具。

1. 命令
- 命令行输入：TABLE（缩写名：TB）。
- 菜单命令："绘图"→"表格"。

• 图标按钮："绘图"工具栏 ▦ 。

2. 功能

在图形中按指定的格式创建空白表格对象。

3. 对话框及其说明

TABLE 命令启动后，系统弹出"插入表格"对话框，如图 6 - 3 所示。其主要选项说明如下。

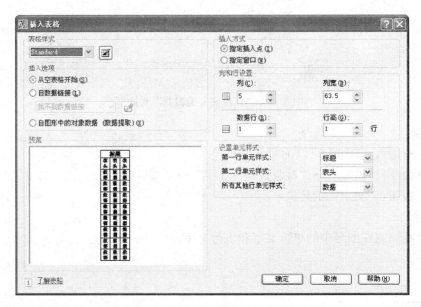

图 6 - 3　"插入表格"对话框

• "表格样式"：指定表格样式。默认为 Standard。

• "插入选项"：指定插入表格的方式。可以从空表格、从数据链接或从数据提取开始创建新表格。

• "预览"：显示当前表格样式的样例。

• "插入方式"：指定插入表格的方式。当选择"指定插入点"方式时，可以在屏幕上指定一点以确定表格的左上角点或左下角点；当选择"指定窗口"方式时，可以在屏幕上设置一个矩形窗口以确定表格的位置，此时，表格的行数、列数、行高、列宽取决于窗口的大小以及"列和行设置"。

• "列和行设置"：设置列和行的数目和大小。

• "设置单元样式"：对于那些不包含起始表格的表格样式，指定新表格中行的单元格式。

4. 设置表格样式

若"插入表格"对话框中"预览"框中显示的表格样式不符合要求，可修改或重新设置表格的样式。具体方法为：在"插入表格"对话框中单击"表格样式"按钮 ▨ ，将弹出如图 6 - 4 所示的"表格样式"对话框。单击对话框右侧的"修改"按钮，将弹出如图 6 - 5 所示的"修改表格样式"对话框，从中可以对表格的相关参数进行重新设置或修改。用户也可以根据需要创建多个表格样式，操作方法与修改表格样式基本相同。

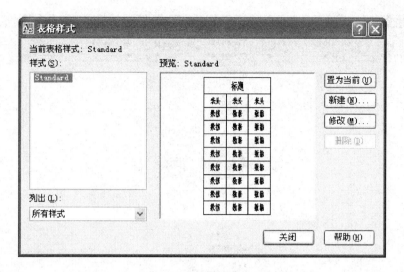

图 6-4　"表格样式"对话框

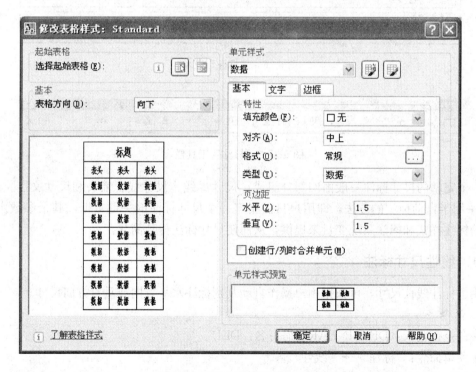

图 6-5　"修改表格样式"对话框

6.3　尺寸标注

由于尺寸标注类型较多，AutoCAD 把标注命令和标注编辑命令集中安排在"标注"菜单（图 6-6）和"标注"工具栏（图 6-7）中，使得用户可以灵活方便地进行尺寸标注。

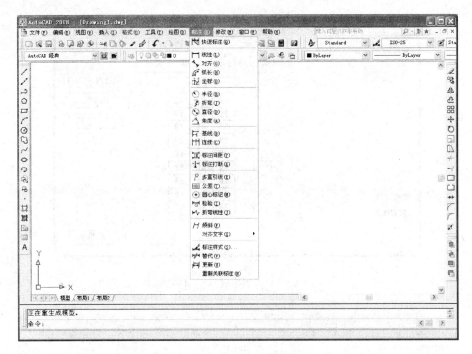

图 6-6 "标注"菜单

图 6-7 "标注"工具栏

　　一个完整的尺寸标注一般由四部分组成:尺寸界线、尺寸线、箭头和尺寸文字。AutoCAD采用半自动标注的方法,即用户只需指定一个尺寸标注的关键数据,其余参数由预先设定的标注样式和标注系统变量来提供,从而使尺寸标注得到简化。

6.3.1　线性尺寸标注

用于标注线性尺寸,可根据用户操作自动判别标注水平方向或垂直方向尺寸。

1. 命令

- 命令行输入:DIMLINEAR(缩写名:DLI)。
- 菜单命令:"标注"→"线性"。
- 图标按钮:"标注"工具栏⊢。

2. 功能

标注水平或垂直方向线性尺寸。

3. 格式

- -

命令:DIMLINEAR↙
指定第一条尺寸界线原点或<选择对象>:(指定第一条尺寸界线的起点)

指定第二条尺寸界线原点：(指定第二条尺寸界线的起点)

指定尺寸线位置或

［多行文字(M)/文字(T)/角度(A)/水平(H)/垂直(V)/旋转(R)］：(指定尺寸线的位置)

用户指定尺寸线位置后，AutoCAD 自动判别标出水平尺寸或垂直尺寸，尺寸文字按 AutoCAD 自动测量值标出，如图 6 - 8 (a) 所示。

4. 选项说明

• 在"指定第一条尺寸界线原点或 ＜选择对象＞："提示下，若按 Enter 键，则光标变为拾取框，系统要求拾取一条直线或圆弧对象，并自动取其端点为两条尺寸界线的起点。

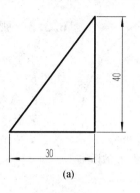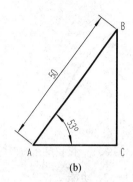

图 6 - 8　线性尺寸、对齐尺寸和角度尺寸的标注

• 在"指定尺寸线位置或［多行文字（M）/文字（T）/角度（A）/水平（H）/垂直（V）/旋转（R）］："提示下，若选择 M，则系统弹出"在位文字编辑器"，用户可以输入复杂的标注文字。

• 若选 T，则系统在命令行显示尺寸的自动测量值，此时用户可以修改尺寸标注值。

• 若选 A，则可指定尺寸的倾斜角度，使尺寸文字倾斜标注。

• 若选 H，则取消自动判断并限定标注水平尺寸。

• 若选 V，则取消自动判断并限定标注垂直尺寸。

• 若选 R，则取消自动判断，尺寸线按用户输入的角度标注斜向尺寸。

6.3.2　对齐尺寸标注

用于标注对齐的线性尺寸，其特点是尺寸线和两条尺寸界线起点连线平行，如图 6 - 8 (b) 所示。

1. 命令

• 命令行输入：DIMALIGNED（缩写名：DAL）。

• 菜单命令："标注" → "对齐"。

• 图标按钮："标注"工具栏 。

2. 功能

标注对齐尺寸。

3. 格式

命令：DIMALIGNED

指定第一条尺寸界线原点或＜选择对象＞：[指定 A 点，如图 6-8(b)所示]

指定第二条尺寸界线原点：(指定 B 点)

指定尺寸线位置或[多行文字(M)/文字(T)/角度(A)]：(指定尺寸线的位置)

尺寸线位置确定以后，AutoCAD 即自动标出尺寸，尺寸线和 AB 平行，如图 6-8 (b) 所示。

4. 选项说明

（1）如果直接按 Enter 键用拾取框选择要标注的线段，则对齐标注的尺寸线与该线段平行。

（2）其他选项 M、T、A 的含义与线性尺寸标注中的选项相同。

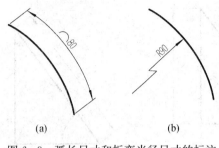

(a)   (b)

图 6-9   弧长尺寸和折弯半径尺寸的标注

6.3.3   弧长标注

用于标注圆弧的弧长，并自动带弧长符号"⌒"，如图 6-9 (a) 中的"⌒80"。

1. 命令

- 命令行输入：DIMARC（缩写名：DAR）。
- 菜单命令："标注"→"弧长"。
- 图标按钮："标注"工具栏 。

2. 功能

创建弧长尺寸。

3. 格式

命令:DIMARC↙

选择弧线段或多段线弧线段:(选择圆弧)

指定弧长标注位置或[多行文字(M)/文字(T)/角度(A)/部分(P)/]:(指定点或输入选项)

----

4. 选项说明

主要选项的含义与前面相同。

6.3.4   半径标注

用于标注圆或圆弧的半径，并自动带半径符号 R，如图 6-10 (a) 中的 R20。

1. 命令

- 命令行输入：DIMRADIUS（缩写名：DRA）。
- 菜单命令："标注"→"半径"。
- 图标按钮："标注"工具栏 。

2. 功能

标注圆弧的半径。

3. 格式

命令:DIMRADIUS↙

选择圆弧或圆:(选择圆弧,我国标准规定对圆及大于半圆的圆弧应标注直径)

标注文字 = 20

指定尺寸线位置或[多行文字(M)/文字(T)/角度(A)]:(确定尺寸线的位置,尺寸线总是指向或通过圆心)

----

4. 选项说明

三个选项的含义与前面相同。

6.3.5　折弯半径标注

用于折弯标注较大圆弧的半径，并自动带半径符号 R，如图 6 - 9（b）中的 R90。

1. 命令

- 命令行输入：DIMJOGGED（缩写名：DJO）。
- 菜单命令："标注"→"折弯"。
- 图标按钮："标注"工具栏 ⚡。

2. 功能

折弯标注较大圆弧的半径。

3. 格式

命令:DIMJOGGED↙

选择圆弧或圆:(选择圆弧)

指定图示中心位置:(确定尺寸线的起点位置)

标注文字 = 90

指定尺寸线位置或[多行文字(M)/文字(T)/角度(A)]:(确定尺寸线的位置,尺寸线应尽量使其延长线通过圆心)

指定折弯位置:(给定尺寸线折弯点的位置)

----

4. 选项说明

三个选项的含义与前面相同。

6.3.6　直径标注

用于在圆或圆弧上标注直径尺寸，并自动带直径符号 φ，如图 6 - 10（b）所示。

1. 命令

- 命令行输入：DIMDIAMETER（缩写名：DDI）。
- 菜单命令："标注"→"直径"。
- 图标按钮："标注"工具栏 ◎。

2. 功能

标注直径。

3. 格式

命令:DIMDIAMETER↙

选择圆弧或圆:[选择要标注直径的圆或圆弧,如图 6 - 10(b)中的小圆]

标注文字 = 20

指定尺寸线位置或[多行文字(M)/文字(T)/角度(A)]:T↙(输入选项 T)

输入标注文字<20>:6 -<>↙("6 -"为附加前缀,"<>"表示测量值)

指定尺寸线位置或[多行文字(M)/文字(T)/角度(A)]:(确定尺寸线的位置)

- -

结果如图 6-10（b）中的"6-φ20"。

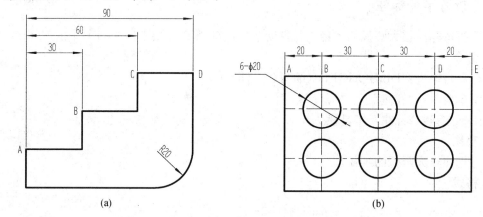

图 6-10　半径和直径标注、基线标注和连续标注

4. 选项说明

命令选项 M、T、A 的含义和前面相同。当选择 M 或 T 选项在"在位文字编辑器"或命令行中修改尺寸文字内容时，用"<>"表示保留 AutoCAD 的自动测量值。若取消"<>"，则用户可以完全改变尺寸文字的内容。

6.3.7　角度尺寸标注

用于标注角度尺寸，角度尺寸线为圆弧。如图 6-8（b）所示，标注 AB 与 AC 的夹角 53°。此命令可标注两条直线的夹角、圆弧的圆心角及三点确定的角。

1. 命令

- 命令行输入：DIMANGULAR（缩写名：DAN）。
- 菜单命令："标注" → "角度"。
- 图标按钮："标注"工具栏△。

2. 功能

标注角度。

3. 格式

- -

命令:DIMANGULAR↙

选择圆弧、圆、直线或<指定顶点>:[选择一条直线,如图 6-8(b)中的 AB]

选择第二条直线:(选择角的第二条边 AC)

指定标注弧线位置或[多行文字(M)/文字(T)/角度(A)/象限点(Q)]:(确定尺寸弧的位置)

标注文字 = 53

- -

4. 选项说明

主要选项的含义与前面相同。

6.3.8　基线标注

用于标注有公共的第一条尺寸界线（作为基线）的一组尺寸线互相平行的线性尺寸或角度尺寸。但必须先标注第一个尺寸后才能使用此命令，如图 6 - 10（a）所示，在标注 A、B 间尺寸 30 后，可用基线标注命令选择第二条尺寸界线起点 C、D 来标注尺寸 60、90。

1. 命令

- 命令行输入：DIMBASELINE（缩写名：DBA）。
- 菜单命令："标注"→"基线"。
- 图标按钮："标注"工具栏＂。

2. 功能

标注具有共同基线的一组线性尺寸或角度尺寸。

3. 格式

```
命令:DIMBASELINE↙
指定第二条尺寸界线原点或[放弃(U)/选择(S)]<选择>:(按 Enter 键选择作为基准的尺寸标注)
选择基准标注:[如图 6 - 10(a)所示,选择 A、B 间的标注 30 为基准标注]
指定第二条尺寸界线原点或[放弃(U)/选择(S)]<选择>:(指定 C 点,标注尺寸 60)
标注文字 = 60
指定第二条尺寸界线原点或[放弃(U)/选择(S)]<选择>:(指定 D 点,标注尺寸 90)
标注文字 = 90
指定第二条尺寸界线原点或[放弃(U)/选择(S)]<选择>:(按 Esc 键结束命令)
```

6.3.9　连续标注

用于标注尺寸线连续的一组线性尺寸或角度尺寸。如图 6 - 10（b）所示，从 A 点标注尺寸 20 后，可用连续标注命令继续选择第二条尺寸界线起点，依次标注尺寸 30、30、20。

1. 命令

- 命令行输入：DIMCONTINUE（缩写名：DCO）。
- 菜单命令："标注"→"连续"。
- 图标按钮："标注"工具栏＂。

2. 功能

标注连续型链式尺寸。

3. 格式

```
命令:DIMCONTINUE↙
指定第二条尺寸界线原点或[放弃(U)/选择(S)]<选择>:(按 Enter 键选择作为基准的尺寸标注)
选择连续标注:[选择图 6 - 10(b)中 A、B 两点的尺寸标注 20 作为基准]
指定第二条尺寸界线原点或[放弃(U)/选择(S)]<选择>:(指定 C 点,标注尺寸 30)
```

标注文字 = 30

指定第二条尺寸界线原点或[放弃(U)/选择(S)]<选择>:(指定 D 点,标注尺寸 30)

标注文字 = 30

指定第二条尺寸界线原点或[放弃(U)/选择(S)]<选择>:(指定 E 点,标注尺寸 20)

标注文字 = 20

指定第二条尺寸界线原点或[放弃(U)/选择(S)]<选择>:(按 Esc 键结束命令)

6.3.10　标注圆心标记

用于给指定的圆或圆弧画出圆心符号或中心线。圆心标记如图 6 - 11 所示。

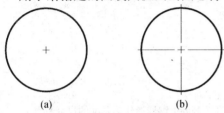

(a)　　　　　　　　(b)

图 6 - 11　圆心标记

(a) 圆心符号;(b) 中心线

1. 命令

• 命令行输入:DIMCENTER(缩写名:DCE)。

• 菜单命令:"标注"→"圆心标记"。

• 图标按钮:"标注"工具栏 ⊞。

2. 功能

为指定的圆或圆弧绘制圆心符号或中心线。

3. 格式

命令:DIMCENTER ↙

选择圆弧或圆:

4. 说明

可以通过标注样式选择圆心标记的类型,并设置它们的大小。

6.3.11　多重引线标注

AutoCAD 2008 版的引线标注与之前的有所不同,它添加了许多新的功能,改进了许多不足之处,使用起来更加方便。

1. 命令

• 命令行输入:MLEADER(缩写名:MLD)。

• 菜单命令:"标注"→"多重引线"。

• 图标按钮:"多重引线"工具栏 ⅋。

2. 功能

创建多条引线,即一个注解可以指向图形中的多个对象。

3. 格式

命令:MLEADER ↙

指定引线箭头的位置或[引线基线优先(L)/内容优先(C)/选项(O)]<选项>:(给出引线箭头的起始点位置)

指定引线基线的位置:(给出引线对象的基线的位置)

(通过"在位文字编辑器"输入注释内容)

----

4. 选项说明

- 引线基线优先（L）：创建引线时首先指定多重引线对象的基线的位置。
- 内容优先（C）：创建引线时首先指定与多重引线对象相关联的文字或块的位置。
- 引线箭头优先（H）：创建引线时首先指定多重引线对象箭头的位置。为默认选项。
- 选项（O）：指定多重引线对象的其他特性。选择该选项后，系统提示如下：

输入选项[引线类型(L)/引线基线(A)/内容类型(C)/最大节点数(M)/第一个角度(F)/第二个角度(S)/退出选项(X)]<退出选项>:

----

5. 设置多重引线样式

为了更加方便快捷地创建各种不同的引线标注对象，用户还可以修改或重新设置多重引线的样式。

（1）命令。

- 命令行输入：MLEADERSTYLE（缩写名：MLS）。
- 菜单命令："格式"→"多重引线样式"。
- 图标按钮："多重引线"工具栏 。

（2）功能。设置当前多重引线样式，以及创建、修改和删除多重引线样式。

（3）对话框及其说明。命令启动后，出现如图 6-12 所示的"多重引线样式管理器"对话框；单击对话框右侧的"修改"按钮，将弹出如图 6-13 所示的"修改多重引线样式"对话框，从中可以对多重引线的引线格式、引线结构和内容等相关参数进行重新设置或修改。

6.3.12 设置标注样式

AutoCAD 提供的尺寸标注功能是一种半自动标注，它只要求用户输入少量的标注信息，其他参数（如尺寸数字的高度、箭头的大小等）都是通过标注样式的设置来确定的。

当进行尺寸标注时，AutoCAD 默认的标注样式设置往往不能满足需要，这就需要新建标注样式或对已有的标注样式进行修改。DIMSTYLE 命令提供了设置和修改标注样式的功能。

1. 命令

- 命令行输入：DIMSTYLE（缩写名：D）。
- 菜单命令："格式"或"标注"→"标注样式"。
- 图标按钮："样式"或"标注"工具栏 。

2. 功能

创建或修改标注样式，设置当前标注样式。

3. 对话框及其说明

调用 DIMSTYLE 命令后，将打开"标注样式管理器"对话框，如图 6-14 所示。Auto-

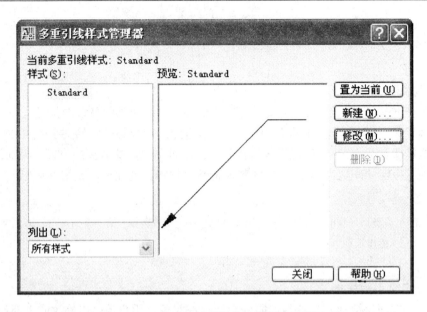

图 6 - 12　"多重引线样式管理器"对话框

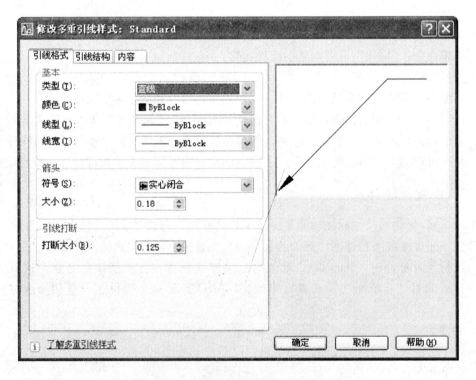

图 6 - 13　"修改多重引线样式"对话框

CAD 提供的默认标注样式为 ISO-25。

　　单击对话框右侧的"修改"按钮，将打开"修改标注样式"对话框，如图 6 - 15 所示。

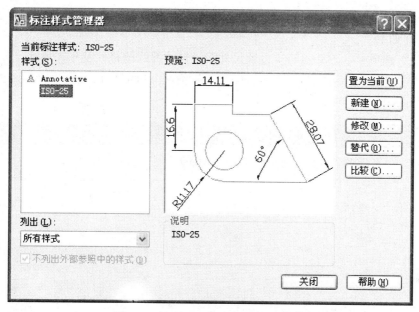

图 6-14　"标注样式管理器"对话框

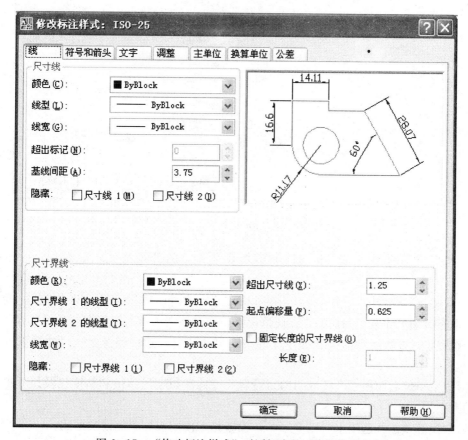

图 6-15　"修改标注样式"对话框中的"线"选项卡

在"修改标注样式"对话框中，通过 7 个选项卡可以实现标注样式的修改。各选项卡的主要内容简介如下。

(1) "线"选项卡（图 6-15）。设置尺寸线、尺寸界线的格式及相关尺寸。

(2) "符号和箭头"选项卡（图 6-16）。设置箭头、圆心标记、弧长符号、折弯半径标注等格式及相关尺寸。

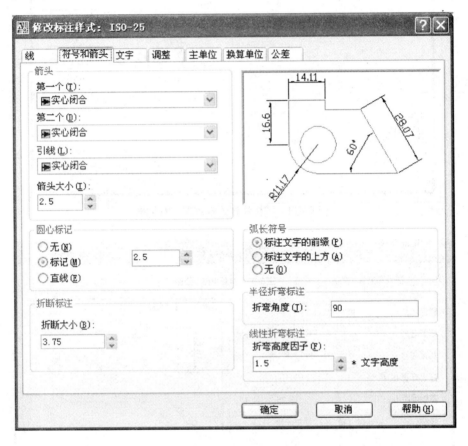

图 6-16　"符号和箭头"选项卡

(3) "文字"选项卡（图 6-17）。设置尺寸文字的外观样式、位置、大小和对齐方式等。

(4) "调整"选项卡（图 6-18）。在进行尺寸标注时，某些情况下尺寸界线之间的距离太小，不能容纳尺寸数字和箭头，在此情况下，通过该选项卡可以根据两条尺寸界线之间的空间，设置将尺寸数字和箭头放在尺寸界线的里边还是外边，以及定义尺寸要素的缩放比例等。

(5) "主单位"选项卡（图 6-19）。设置尺寸标注数字的单位和精度以及尺寸测量单位比例的大小等。

(6) "换算单位"选项卡（图 6-20）。设置是否使用换算单位以及格式。

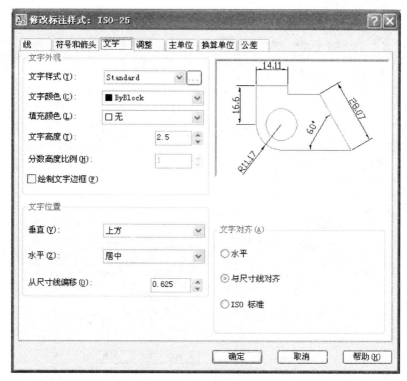

图 6-17 "文字"选项卡

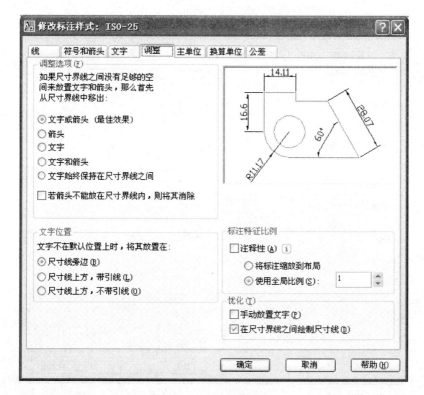

图 6-18 "调整"选项卡

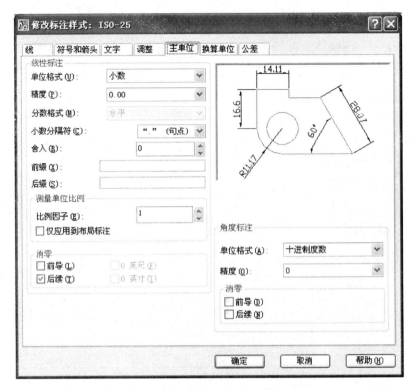

图 6 - 19   "主单位"选项卡

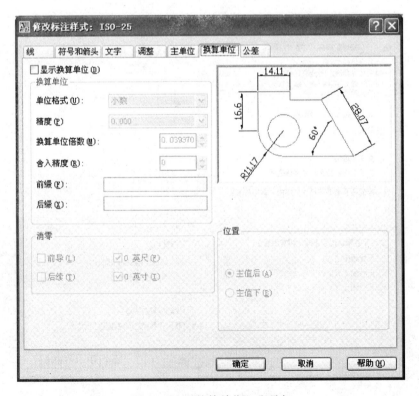

图 6 - 20   "换算单位"选项卡

（7）"公差"选项卡（图 6 - 21）。设置是否标注尺寸公差以及公差的标注形式和精度等。

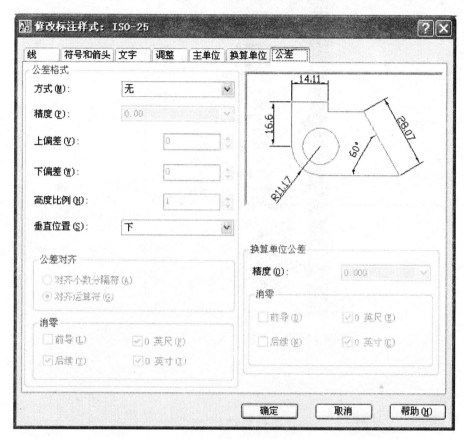

图 6 - 21　"公差"选项卡

6.3.13　尺寸标注的修改

如前所述，尺寸标注的大部分参数都是通过标注样式的设置控制的，所以当标注的尺寸格式不符合要求时，首先可以通过重新调整标注样式来统一修改尺寸。另外，AutoCAD 还提供了其他一些修改尺寸标注的方法，简述如下。

1. 使用夹点编辑修改尺寸标注

尺寸标注完成后，可以通过拖动尺寸标注的夹点修改尺寸，例如改变标注文字的位置、尺寸线的位置、尺寸界线起始点的位置等。

2. 尺寸文字内容的修改

如果是在标注过程中要改变文字内容，可以在确定尺寸线位置之前通过选项 M 或 T 用新的尺寸文字内容替代测量值。如果是在标注已经完成后要修改尺寸标注的内容，可以通过 PROPERTIES 命令打开"特性"选项板进行修改，如图 6 - 22 所示。尺寸标注的其他参数修改也都可以通过"特性"选项板完成。

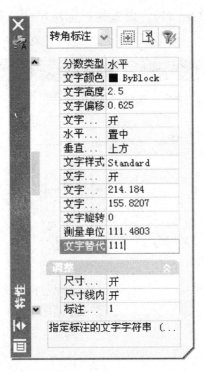

图 6-22　使用"特性"选项板修改尺寸文字

第7章　道路路线图绘制实例

7.1　AutoCAD 的绘图流程

由于绘制的工程图样千差万别，并且每个人使用 AutoCAD 的方式也不尽相同，因此，绘图时的具体操作顺序和手法也有差异。但无论绘制哪一类工程图样，要达到准确、高效绘制，其绘图的总体流程是差不多的。

1. 使用 AutoCAD 2008 绘图的一般流程

使用 AutoCAD 2008 绘图一般按照以下程序进行。

（1）设置绘图环境。主要包括绘图界限、绘图单位、捕捉栅格间距、对象捕捉方式、尺寸标注样式、文字样式和图层（包括颜色、线型、线宽）等的设定。对于单张工程图纸，其中的文字样式和尺寸标注样式也可以在需要时临时设定。对于整套图纸，可以在全部设定完后，保存成样板，以便以后绘制新图时使用。

（2）绘制图形对象。进行工程图样绘制时，一般先绘制辅助线，用来确定尺寸的基准位置。辅助线可以在单独的图层中绘制，可以根据情况将该层设置为不打印。绘制图形的过程中，应根据对象的类别和性质不同切换图层，便于以后对图形对象的管理。绘图过程中应充分利用计算机的优点，让 AutoCAD 完成重复工作，充分发挥 AutoCAD 绘图命令和编辑命令的优势，对同样的操作尽可能一次完成。采用必要的捕捉、追踪等功能进行精确绘图。

（3）标注尺寸。该步骤用于标注图样中必要的尺寸和文字说明，具体的标注过程应该遵循国家制图标准要求和图形的用途。

（4）整饰图形对象。整饰图形对象包括完成图案填充、绘制标题栏、清理图形中多余部分、调整图形布局等。整饰图形对于更好地发挥工程制图功用有着非常重要的意义，也是不可忽视的一个步骤。往往通过对图形对象的整饰可以发现问题并及时修改。

（5）保存图形、输出图形。将图形保存起来备用，需要时可以根据情况打印输出用于工程实践。

2. 绘图的一般原则

为了使用 AutoCAD 准确、高效地完成工程图样的绘制，并且能在今后方便地使用 AutoCAD 图样来指导工程建设，在使用 AutoCAD 绘制工程图样时，应该遵循以下原则。

（1）先设定绘图界限、绘图单位、图层后再进入图形的绘制。

（2）尽量采用 1：1 的比例绘制图样，最后在布局中控制输出比例。

（3）注意命令提示信息，避免误操作。

（4）注意采用捕捉、对象捕捉等精确绘图工具辅助绘图。

（5）图框不要和图形绘制在一起，应分层放置。

（6）常用的设置（如图层、文字样式、尺寸标注样式等）应该保存成样板，新建图形时直接利用样板生成初始绘图环境。

7.2　定义绘图样板

在每次开始绘图时，如果都要设置绘图环境，包括文字样式、尺寸标注样式、图层、颜色和线型、图框、标题栏、会签栏等内容，则重复工作太多，工作效率不高。实际上 Auto-CAD 在开始绘制一个新图形时，都要使用一个样板图，默认的样板图是 acadiso. dwt。在这个默认的样板图中，定义默认的图层是 0 层、白色、连续线型；当前颜色、当前线型、当前线宽都是 Bylayer（随层）；文字样式为 Standard，使用 TXT. SHX 字体；默认的尺寸标注样式为 ISO-25；绘图界限为（0，0）～（420，297），为标准的 A3 图纸，没用图框、标题栏和会签栏。

AutoCAD 2008 提供了自定义样板图的功能，因此只要事先定义了样板图，则每次开始绘制新图形时，使用自定义的样板图会省去很多重复的工作。

1. 自定义样板图的方法

启动 AutoCAD 2008，设置好绘图环境后，选择"文件"→"另存为"命令，则弹出"图形另存为"对话框，在对话框中的"文件类型"下拉列表中选择"AutoCAD 图形样板（∗. dwt)"，在"文件名"下拉列表框中输入所定义的样板图的名称，例如 A3，如图 7 - 1 所示。单击"确定"按钮后，关闭对话框，就会生成一个文件名为 A3. dwt 的绘图样板。

图 7 - 1　"图形另存为"对话框

2. 自定义样板图

在道路工程制图中，常用的图纸幅面有 A3、A2、A1、A0 等标准幅面，可以对每一种图纸幅面定义一个样板图；在定义样板图时，可以采用 1∶1 的比例，当绘图比例不是 1∶1 时，只需作很少的改动，例如绘图比例是 1∶100 时，使用样板图新建一个图形，在绘图之前首先将图框、标题栏、会签栏等以左下角为基点放大 100 倍，设置线型比例因子 LTSCALE 为 100，设置尺寸标注样式中的全局比例因子 DIMSCALE 为 100，在图形中书写文字的高度也为字号的 100 倍即可。

下面以 A3 图纸幅面为例，说明样板图的定义方法。对于其他各种幅面的图纸，可以参照 A3 图纸样板图定义的方法分别定义。

启动 AutoCAD 2008 后，按照下述步骤进行操作。

（1）设置图层。设置"中心线"、"粗实线"、"细实线"、"虚线"、"辅助线"、"尺寸标注"、"文字"、"图框"等图层，各个图层的颜色、线型、线宽等如图 7-2 所示，并把图层"中心线"设置为当前图层，单击"确定"按钮关闭对话框。

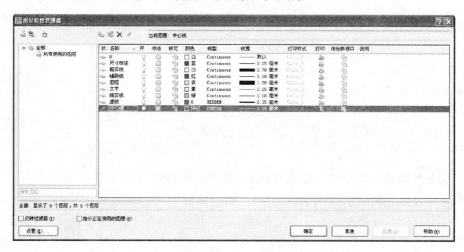

图 7-2　设置图层

（2）定义文字样式"国标-文字"。设置字体为 gbenor. shx 和 gbcbig. shx，字高为 0，宽度因子为 1，如图 7-3 所示。单击"应用"按钮后单击"关闭"按钮关闭对话框，则文字样式"国标-文字"成为当前文字样式。

图 7-3　设置文字样式

（3）设置尺寸标注样式。按照《道路工程制图标准》（GB 50162—1992）要求设置，具体设置方法参见 6.3.12 中的介绍。

（4）绘制 A3 图幅的裁边线及图框线。将图层"辅助线"设置为当前层，绘制 420×297 的矩形作为裁边线。操作过程如下。

命令:RECTANG ↙
指定第一个角点或[倒角(C)/标高(E)/圆角(F)/厚度(T)/宽度(W)]:0,0 ↙
指定另一个角点或[面积(A)/尺寸(D)/旋转(R)]:420,297 ↙

画出裁边线后，将图层"图框"设置为当前层，按照《道路工程制图标准》（GB 50162—1992）绘制矩形图框。操作过程如下。

命令:RECTANG ↙
指定第一个角点或[倒角(C)/标高(E)/圆角(F)/厚度(T)/宽度(W)]:30,10 ↙
指定另一个角点或[面积(A)/尺寸(D)/旋转(R)]:410,287 ↙

（5）绘制标题栏和会签栏。按照《道路工程制图标准》（GB 50162—1992）规定绘制的道路工程图样图框和标题栏如图 7 - 4 所示。需要注意的是，虽然在《道路工程制图标准》中规定了标题栏的尺寸内容，但并非是强制性的，具体绘制时，只要不影响使用，均可自行更改和调整。

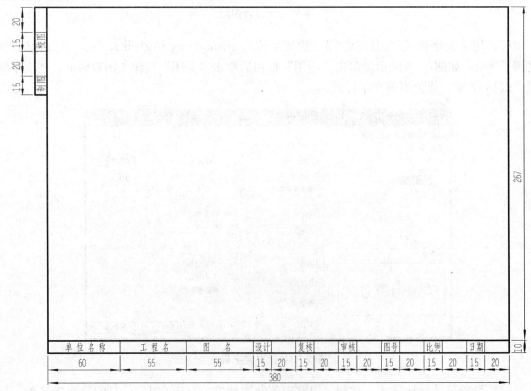

图 7 - 4　图框和标题栏样式

（6）存盘。选择"文件"→"另存为"命令，在弹出的对话框中选择文件类型为"图形样板（*.dwt）"，输入文件名为 A3，单击"保存"按钮，弹出"样板选项"对话框，如图 7-5 所示。在该对话框中输入文字说明，单击"确定"按钮后，即可生成一个文件名为 A3.dwt 的样板图。

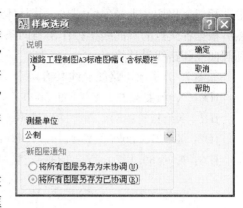

图 7-5　"样板选项"对话框

3. 使用自定义的样板图

要想在绘图时使用自定义的样板图，可以在执行"新建"文件命令后在"选择样板"对话框（图 7-6）中选择样板文件 A3.dwt，单击"打开"按钮，即可生成以 A3.dwt 为样板图的新图形，这个新图形的各项绘图环境设置与样板图 A3.dwt 完全一样。

图 7-6　"选择样板"对话框

7.3　路线平面图的绘制

路线平面图是绘有道路中心线的地形图，其作用是表达路线的方位、平面线形、沿路线两侧一定范围内的地形、地物情况和结构物的平面位置。

道路的平面线形要素是由直线和曲线构成，其曲线的形式一般可分为圆曲线、单曲线、复曲线、虚交点曲线、回头曲线、缓和曲线、回旋线等，统称为平曲线。平曲线最主要的是圆曲线和缓和曲线。在道路路线设计中，一般沿路线进行里程桩号的标注，以表达该里程桩至路线起点的水平距离。下面就平面线位图绘制作简单介绍。

1. 圆曲线的绘制

绘制平曲线中的圆曲线，如已知各曲线要素，则有许多的绘制方法，但最为快捷的方法是"相切、相切、半径"绘圆法。其具体绘法是先根据路线导线的交点坐标绘制路线导线，然后根据各交点的圆曲线半径作出与两条导线相切的圆，使用修剪命令剪切圆曲线，从而得到圆曲线和路线设计线。

如图 7 - 7 所示，路线导线共有两个交点，加上起终点共有 4 个顶点，已知数据如下：

JD0：X＝48.3423，Y＝109.5000

JD1：X＝178.2461，Y＝184.5000，α_1＝40°，JD0～JD1＝150

JD2：X＝375.2077，Y＝149.7704，α_2＝30°，JD1～JD2＝200

JD3：X＝469.1770，Y＝183.9724，JD2～JD3＝100

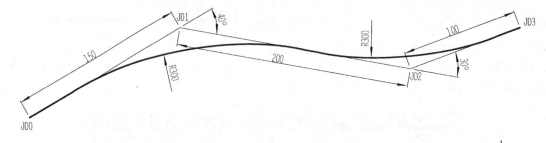

图 7 - 7 圆曲线绘制实例

绘制过程如下。

（1）利用多段线命令 PLINE 绘制 JD0～JD3 导线，绘制的结果如图 7 - 8 所示。

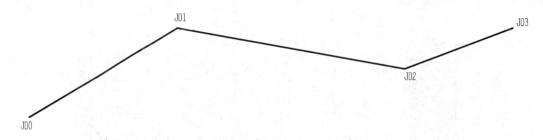

图 7 - 8 多段线绘制路线导线

（2）绘制圆曲线。通过设计已经得知 JD1、JD2 处的圆曲线半径均为 R＝300。绘制过程如下。

命令:CIRCLE↙

指定圆的圆心或[三点(3P)/两点(2P)/相切、相切、半径(T)]:t↙

指定对象与圆的第一个切点:(鼠标左键点取 JD0～JD1 线段)

指定对象与圆的第二个切点:(鼠标左键点取 JD1～JD2 线段)

指定圆的半径:300↙

命令:↙(重复执行 CIRCLE 命令)

指定圆的圆心或[三点(3P)/两点(2P)/相切、相切、半径(T)]:t↙

指定对象与圆的第一个切点:(鼠标左键点取 JD1～JD2 线段)

指定对象与圆的第二个切点：(鼠标左键点取 JD2～JD3 线段)

指定圆的半径＜300.0000＞：↙

- -

（3）修剪绘制的相切圆。保留部分如图 7 - 9 所示。

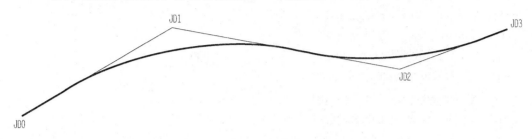

图 7 - 9　用作圆法绘制导线间的圆曲线

2. 缓和曲线的绘制

由于 AutoCAD 不能直接绘制缓和曲线，可以使用以下几种方法进行绘制。在 Auto-CAD 中可以使用多段线命令 PLINE 绘制通过 ZH、HY、QZ、YH、HZ 五点的折线，再使用编辑多段线命令 PEDIT 选择"样条曲线（S）"选项，将折线转换成曲线；也可以使用样条曲线 SPLINE 命令直接绘制。一般情况下，AutoCAD 中的样条曲线最接近公路平曲线的形状。上述两种绘制方法在常用比例尺的情况下，肉眼分不出有差别，因此绘制通过 ZH、HY、QZ、YH、HZ 五点与路线导线分别相切于 ZH、HZ 点的真样条曲线即为所求的曲线。

已知如图 7 - 10 所示公路平曲线，偏角为左偏 $\alpha_{左}=30°47'28''$，缓和曲线长 LS＝53，切线长 T＝81.32，外距 E＝8，圆曲线半径 R＝198.51，平曲线总长 L＝159.68，中间圆曲线长 LY＝（L－2LS）＝53.68。

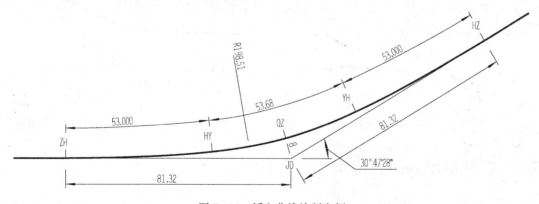

图 7 - 10　缓和曲线绘制实例

绘制过程如下。

（1）绘制路线导线。利用多段线命令 PLINE 绘制 12、23 直线。各点数据如下。

1 点：X＝213.7748，Y＝92.1117

2 点：X＝313.7748，Y＝92.1117

3 点：X＝399.6787，Y＝143.3026

绘制完毕得到如图 7-11 所示图形。

（2）绘制通过 ZH、HY、QZ、YH、HZ 五点，与路线导线相切的含缓和曲线的平曲线。通过计算，五个主点的直角坐标如下。

ZH：X＝232.4548，Y＝92.1117

HY：X＝285.3608，Y＝94.4667

QZ：X＝311.8101，Y＝99.2371

YH：X＝336.9780，Y＝108.6801

HZ：X＝383.6319，Y＝133.7401

利用样条曲线命令 SPLINE 绘制含缓和曲线的平曲线，如图 7-12 所示。

```
命令:SPLINE↙
指定第一个点或[对象(O)]:232.4548,92.1117↙
指定下一点:285.3608,94.4667↙
指定下一点或[闭合(C)/拟合公差(F)]<起点切向>:311.8101,99.2371↙
指定下一点或[闭合(C)/拟合公差(F)]<起点切向>:336.9780,108.6801↙
指定下一点或[闭合(C)/拟合公差(F)]<起点切向>:383.6319,133.7401↙
指定下一点或[闭合(C)/拟合公差(F)]<起点切向>:↙
指定起点切向:232.9548,92.1117↙
指定端点切向:383.6319,133.7401↙
```

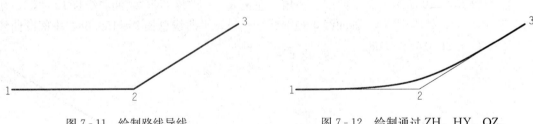

图 7-11　绘制路线导线　　　　　图 7-12　绘制通过 ZH、HY、QZ、
　　　　　　　　　　　　　　　　　　　　　YH、HZ 五点的平曲线

（3）绘制五个特征点的位置线并标注各点文字、标注曲线要素。结果如图 7-10 所示。

7.4　路线纵断面图的绘制

沿着道路中线竖直剖切后展开即为路线纵断面，其作用是表达路线的纵面线形、地面起伏、地质和沿线构造物的概况等。纵断面图包括高程标尺、地面线、设计线和测设数据表等。纵断面的地面线是由一系列折线构成，设计线是由直线和竖曲线组成的。典型路线纵断面如图 7-13 所示。

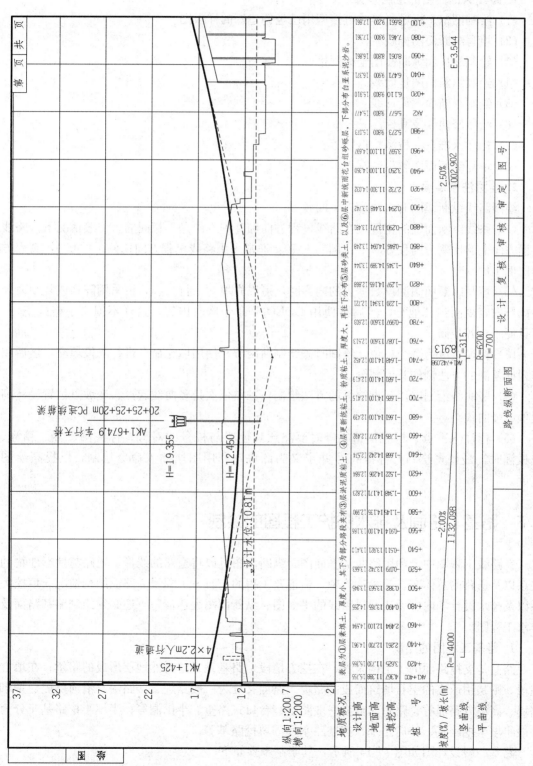

图 7 - 13　路线纵断面图

1. 路线纵断面图的绘制步骤

（1）绘制图框、标题栏等或直接调用已经创建好的样板图。

（2）填写纵断面图标题栏。

（3）绘制标尺和纵断面图坐标网格。

（4）绘制纵断面图地面线。

（5）绘制纵断面图设计线。

（6）绘制竖曲线及其标注。

（7）标注水准点、桥涵构造物等。

（8）填写纵断面图测设数据表。

2. 绘图注意事项

绘制路线纵断面图时应注意以下问题。

（1）路线纵断面图的比例尺在路线里程方向和高程方向是不相同的。一般情况下，路线里程方向上的比例为高程方向上比例的 1/10，通常采用路线里程方向比例 1：2000，高程方向比例 1：200。

（2）填写纵断面图测设数据表的内容时，可以先填写一行内容，再采用阵列或复制命令将该行内容复制到其他行，然后再使用 DDEDIT 命令修改内容，这样不但文字格式统一，而且便于对齐控制。

（3）标尺宽度为 2 个单位，绘制时先绘制前两节，使用填充命令进行隔段填充，然后用阵列或复制的方法制作其他部分。

（4）竖曲线绘制采用三点绘弧的方法绘制，三点依次是竖曲线起点、变坡点位置设计高程处、竖曲线终点。

（5）标注水准点、桥涵构造物等时要注意其位置与桩号的对应，标注圆管涵、箱涵、盖板涵时，最好先绘制好标准符号并定义为图块，利用图块插入命令绘制，以提高绘图速度。

7.5 路基、路面及排水防护工程图的绘制

在路线工程图中，利用路线的平面图、纵断面图可以将道路的线形、道路与地形地物的关系以及道路的总体布置等表达清楚，但道路工程的土石方工程量、路面结构情况、填挖关系以及排水设计等内容无法通过路线的平面图、纵断面图表达清楚，还必须绘制路基路面及排水工程图。

1. 路基工程图的绘制

路基是支撑路面的土工构筑物，在挖方地段，路基是开挖天然地层形成的路堑；在填方地段，则是用压实的土石填筑而成的路堤。路堤又分为一般路堤、矮路堤、沿河路堤、护脚路堤、高填方路堤等；路堑又分为一般路堑、台口式路堑、半山洞等；半填半挖路基又分为一般半填半挖路基、护肩路基、挡墙路基和零填挖路基等。

路基一般设计图如图 7-14 所示，其绘制步骤如下。

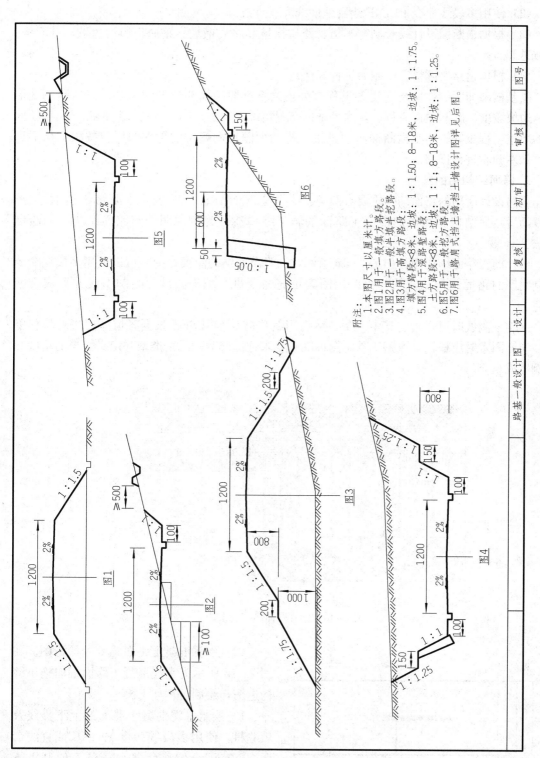

附注:
1. 本图尺寸以厘米计。
2. 图1用于一般填方路段。
3. 图2用于一般半填半挖路段。
4. 图3用于高填方路段。
  填方路段<8米,边坡: 1:1.50; 8-18米,边坡: 1:1.75。
5. 图4用于深路堑路段。
  土方路段<8米,边坡: 1:1; 8-18米,边坡: 1:1.25。
6. 图5用于一般挖方路段。
7. 图6用于路肩式挡土墙,挡土墙设计图详见后图。

路基一般设计图　设计　复核　初审　审核　图号

图 7 - 14　路基一般设计图

（1）确定公路中桩的位置。使用直线命令 LINE 用点划线绘制路基横断面的中心轴线。

（2）使用多段线命令 PLINE 绘制地面线和设计线。

（3）根据横断面设计线绘制行车道、路拱横坡和路肩横坡、路肩、边沟边坡、截水沟、护坡道等。

（4）根据道路实际情况绘制后进行标注。

路基横断面图的作用是表达各里程桩处道路标准横断面与地形的关系，包括路基的形式、边坡坡度、路基顶面高程、排水设施的布置情况、防护加固工程的设计情况以及该断面上的填挖工程量等。路基横断面图中各桩号横断面图在图幅中的排列顺序应按桩号从下到上，从左到右进行排列。

2. 路面结构图的绘制

公路设计所用的路面结构主要有两类，一类是沥青路面，另一类是水泥混凝土路面。下面以沥青路面结构图和水泥混凝土路面的施工缝构造图为例说明公路路面结构图的绘制方法。

（1）沥青路面结构图。如图 7 - 15 所示，沥青路面结构图大样图，可以采用多段线命令绘制封闭的路面结构分割线，再使用图案填充命令进行填充，最后绘制引线并完成文字标注。

绘制分割线时可先绘制其中一条，然后用偏移命令 OFFSET 根据各层厚度进行偏移复制。填充图案时应根据《道路工程制图标准》要求选择合适的图案类型并定义恰当的角度和比例完成填充。

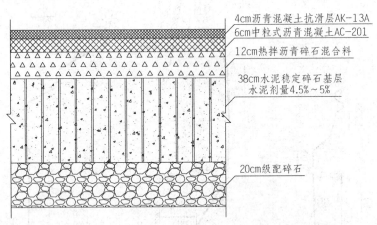

图 7 - 15　沥青路面结构方案图

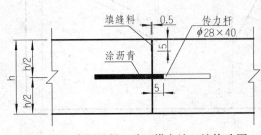

图 7 - 16　水泥混凝土路面横向施工缝构造图

（2）水泥混凝土路面施工缝构造图。如图 7 - 16 所示为水泥混凝土路面横向施工缝构造图，绘制过程如下。

1）绘制水泥混凝土路面的上下界线及填缝料。使用多段线命令 PLINE 或直线命令 LINE 配合偏移命令 OFFSET 绘制上下边界线以及填缝料。

2）绘制折断线。使用直线命令 LINE 在上下边界绘制，长出部分要对称于上下边界。然后继续用 LINE 命令在前面绘制直线的中部绘制大小适当的锯齿线，再用修剪命令剪去多余的部分，即可得到一侧的折断线。最后利用镜像命令 MIRROR 或复制命令 COPY 绘制出另一侧折断线。

3）绘制横向施工缝部位设置的钢筋及涂沥青部位。用直线命令 LINE 绘制施工缝（直线端点为路面上下边界线的中点），钢筋可先绘制成封闭的矩形，再利用填充命令进行填充。

4）用标注尺寸命令标注图中所示的尺寸，用文字命令进行文字标注。

3. 排水系统及防护工程图的绘制

道路排水系统比较复杂，且是保证道路发挥其功能的必要设施。道路排水系统包括地面排水系统和地下排水系统，前者包括边沟、排水沟、截水沟、跌水、急流槽等，后者包括明沟、暗沟、渗沟等。

道路排水系统工程图的作用主要是表达排水系统在全线的布设情况以及排水设施的具体构造和技术要求等。某道路排水系统设计图如图 7 - 17 所示。

7.6　路线交叉图的绘制

道路与道路或其他设施如铁路、管线等相交时所形成的共同空间称为道路交叉。道路交叉根据其空间形式可以分为平面交叉和立体交叉两大类型。

1. 平面交叉图的绘制

平面交叉就是将相交各道路的交通流组织在同一平面内的道路交叉形式，根据道路联结性质不同可分为："十"字形交叉、"X"形交叉、"T"形交叉、"Y"形交叉、错位交叉和多路口复合交叉等。由于道路交叉的交通状况、构造和交通工程等均比较复杂，所以道路交叉工程图除了平面图、纵断面图和横断面图之外，一般还包括竖向设计图、交通组织图和鸟瞰图等。

如图 7 - 18 所示环形十字交叉图，绘制时应先确定主骨架，再进行细节的绘制。绘制过程如下。

（1）绘制十字中心线。使用直线命令 LINE 绘制十字中心线，线型为点划线。

（2）绘制十字路边线。可以利用偏移命令 OFFSET 将十字中心线分别向上、下、左、右偏移，偏移距离均为 20，然后将偏移创建的直线修改为粗实线，如图 7 - 19 所示。

（3）绘制环形交叉路线的圆环。在图 7 - 19 的基础上，绘制直径为 59 的圆，圆心在中心线的交点处。然后使用偏移命令 OFFSET 绘制另外两个圆（行车道分界线），其偏移距离分别为 20 和 37.5。

（4）使用正多边形命令 POLYGON 绘制上一步完成的大圆的外切正方形，如图 7 - 20 所示。正方形中心在中心线的交点处，四角都落在道路中心线上。使用修剪命令 TRIM 修剪十字中心多余的线段。

（5）完善环形交叉口。用圆角命令 FILLET 输入合适的半径，将不相交的相邻道路圆滑地连接。将行车道的分割线改为虚线，将中心岛内使用图案填充命令用阴影线填充。

完成后，可以得到图 7 - 18 所示环形十字交叉平面图。

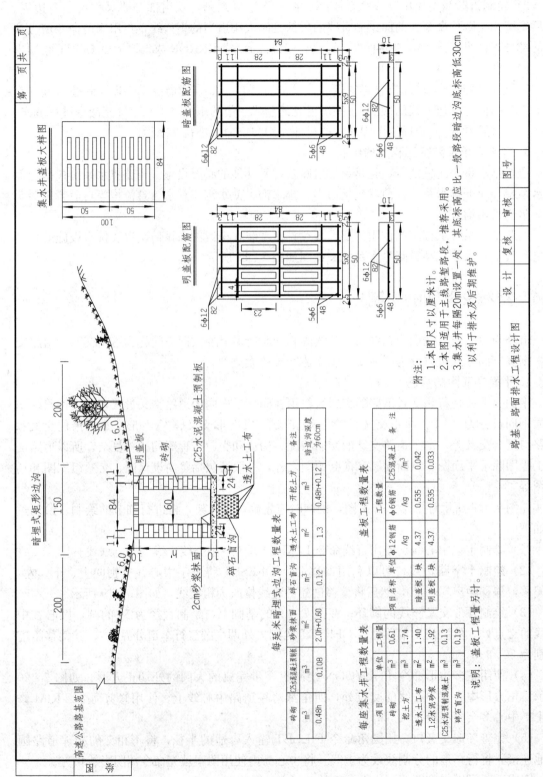

图 7-17 某道路排水系统设计图

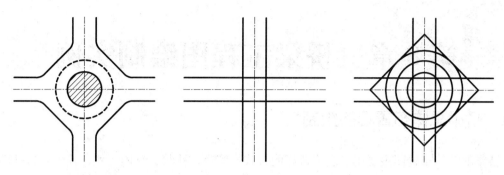

图 7 - 18 环形十字交叉　　图 7 - 19 绘制十字边线　图 7 - 20 绘制同心圆和外切正方形

2. 立交桥的绘制

立体交叉是将各冲突点的各向车流组织在空间的不同高度上，使各向车流分道行驶，从而保证各向车流在任何时间都连续行驶，提高交叉口处的通行能力和安全舒适性。因此，立体交叉的设计比平面交叉要复杂得多。立体交叉一般由相交道路、跨线桥、匝道、通道和其他附属设施组成。

如图 7 - 21 所示为某立交桥的平面图，其绘制步骤如下。

（1）绘制道路中线和两条主干道。绘制时先绘制道路中线，线型为点划线，然后利用偏移命令创建道路的边线并转化为粗实线。

（2）绘制分路。根据图 7 - 21 所示，匝道可采用圆命令 CIRCLE 的"相切、相切、半径"方式绘制，也可以使用圆角命令 FIL-LET 绘制。

（3）完善图形。绘制分支后使用修剪命令 TRIM 进行修剪。

（4）使用尺寸标注命令完成各部分标注。

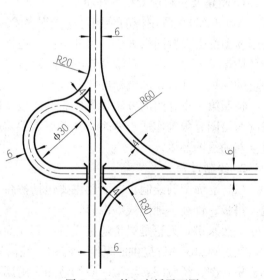

图 7 - 21 某立交桥平面图

第8章 桥梁工程图绘制实例

8.1 桥梁总体布置图的绘制

桥梁的总体布置图主要用于表明桥梁的形式、跨径、孔数、总体尺寸、各主要构件的相互位置关系、桥梁各部分的高程、材料数量及总体技术说明等，作为施工时确定墩台位置、安装构件和控制高程的依据。

总体布置图还需反映河床地质断面及水文情况，根据高程尺寸可以知道桥台和基础的位置深度、梁底、桥台和桥面中心的高程尺寸。下面将以梁桥为例进行介绍。

梁桥是一种在竖向荷载作用下无水平反力的结构，常见的有钢筋混凝土简支梁、连续梁桥等。梁桥的总体布置图由立面图、平面图、横断面图组成，如图 8-1 所示。

1. 新建文件和设置绘图环境

AutoCAD 工程图样的绘制过程中很多绘图环境的设定都是相似的，如果每次开始绘制一张新图都去设置图纸大小、尺寸单位、边框等，会非常繁琐。如果使用样板把设置好的绘图环境保存为样板图，在绘制新图的时候将设置好的样板文件导入，可以省去重复设置绘图环境的麻烦，并且使图纸标准化。

按照第 7 章介绍的方法预先建立好样板文件，利用已经创建好的样板文件根据实际绘图情况对绘图界限等作适当修改，并根据需要修改图层、图块、文字样式、标注样式等内容，建立新的绘图环境。

2. 绘制过程

（1）立面图的绘制。立面图主要包括桥台、桥墩、桩基础、盖梁、主梁、护栏、桥面铺装、搭板、锥坡、地面线等内容。

一般来讲，无论是梁桥还是拱桥，其立面图多为具有对称性、重复性的图形，所以绘图时可运用 AutoCAD 提供的复制、阵列、镜像等绘图方法。需要注意的是，在绘图过程中应结合桥台图、桥墩图、主梁一般构造图、附属结构图来确定结构的具体尺寸。另外，在道路工程制图中，当存在土体遮挡时，通常将土体看作是透明体而直接将被遮挡的结构部分用虚线绘制出来。

绘制立面图的具体步骤如下。

1）先画出桥墩和桥台的中轴线，主要构造辅助线，以便进行尺寸定位。构造辅助线宜在单独图层中绘制。

2）用 LINE 命令绘制桥台、桥墩、主梁。在参照桥台构造图的情况下，可使用"相对坐标"或"构造辅助线"与"对象捕捉"工具相结合的方法进行绘制。由于图形结构左右对称，可先绘制左半部分，然后使用镜像命令 MIRROR 完成右半部分的绘制。

3）绘制护栏。用 LINE 命令绘制。

4）绘制地面线。用 LINE 或 PLINE 命令绘制多段直线表示地面线。地面线的绘制应根据实测坐标完成。

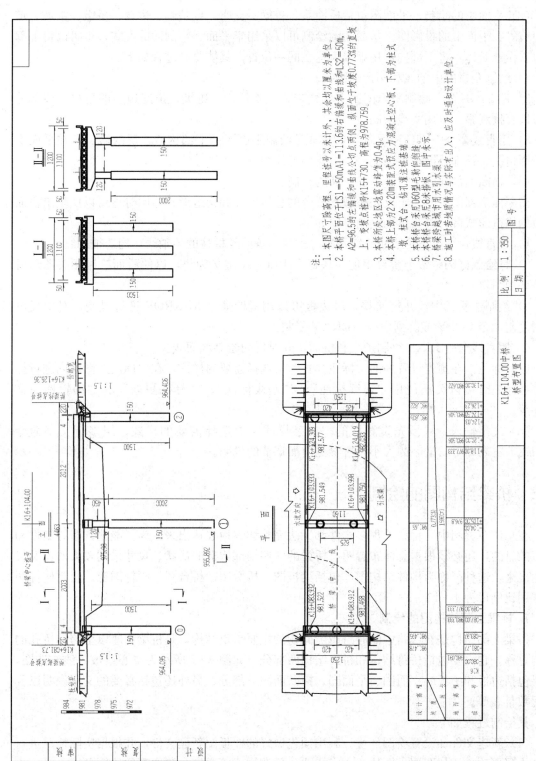

图 8 - 1　梁桥总体布置图

5) 整饰图形。将立面图中被土体遮挡的部分改为虚线。

(2) 平面图的绘制。平面图包括桥面系、盖梁、支座、桩基础、桥台、桥墩、锥坡、道路边坡等在平面上的投影图。平面图的绘制可以采用半平面、半剖面的方式，也可以将上部构造看做透明体，将下部构造用虚线表达在同一位置。具体绘制过程如下。

1) 绘制全桥的中轴线和构造辅助线。

2) 用 LINE 命令绘制平面图的上部构造，反映桥面、锥坡、道路边坡的情况，该部分因可以直接观察，故用实线绘制。

3) 用直线命令 LINE 和圆命令 CIRCLE 绘制平面图的下部构造，反映墩、台在平面上的投影情况。该部分因被桥面遮挡，故使用虚线绘制。

(3) 横断面剖面图Ⅰ—Ⅰ、Ⅱ—Ⅱ的绘制。

横断面剖面图主要用于反映桥墩和桥台的总体尺寸和构造形式，同时也可以反映出桥面梁板的构造形式等，其具体的绘制步骤如下。

1) 用直线命令 LINE 绘制桥墩基础、桩柱、盖梁及桩柱的中轴线，构造辅助线。

2) 将绘制好的桥墩、桥台用创建块命令 BLOCK 定义为块，以便后面绘制相关图形时直接调用图块。

3) 绘制边板、中板并定义块，对边板可以用镜像命令 MIRROR 进行复制，对中板可以用复制命令 COPY 或阵列命令 ARRAY 复制。

4) 用直线命令 LINE 绘制护栏和桥面，并对桥面绘制剖面线。

(4) 标注。在预先设置好的“标注样式”中选择需要的样式，在“标注”图层内进行标注。在标注时可以灵活使用“连续标注”、“基线标注”、“标注更新”和“编辑标注文字”等。

(5) 文字输入。从预先设置好的“文字样式”中选择需要的样式，用多行文字命令 MTEXT 输入即可，文字的大小设置参见前面章节的说明。

8.2 桥梁结构图的绘制

在总体布置图中，桥梁的很多构件都无法完整详细地表达出来，为了能达到指导制作和施工的目的，还必须根据总体布置图将桥梁的一些细部构造的形状、尺寸采用较大的比例尺表达出来，这种图称为构件结构图，包括梁板图、桥墩图、桥台图、栏杆图等。绘制构件图的常用比例尺为 1∶10～1∶50。

1. 桥梁上部结构图的绘制

桥梁上部结构是在线路中断时跨越障碍物的主要承重结构，是桥梁支座以上跨越桥孔的结构总称。它主要包括桥跨结构和桥面结构两部分。如图 8-2 所示为空心梁板一般构造图，主要包括边板和中板的立面图、平面图、横断面图三部分，另外还包括必要的文字说明以及工程数量表等。

其绘制过程如下。

(1) 新建文件和设置绘图环境。利用预先做好的样板图新建文件，并根据实际情况进行绘图界限更改，添加图层、图块、文字样式、标注样式等内容，建立新的绘图环境。

(2) 绘制立面图。立面图包括顶板、底板、中孔、理论支撑线的位置等。

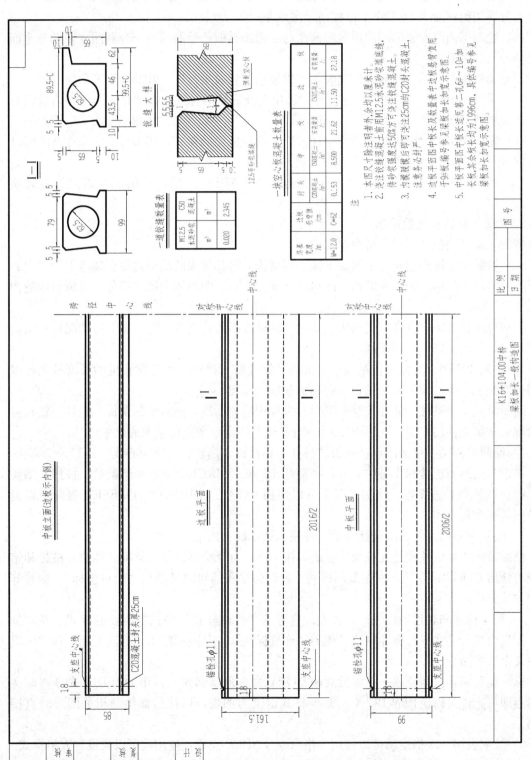

图 8 - 2 梁板一般构造图

首先绘制跨径中心线和支座中心线，使用 LINE 或 PLINE 命令绘制顶板、底板和中孔。绘制时可使用偏移命令 OFFSET 以提高绘图效率。

（3）绘制平面图。平面图的组成和画法与立面图类似，绘制时应充分利用立面图与平面图之间的投影关系进行绘制。

（4）绘制横断面图。横断面绘制时，可以使用"相对坐标"、MIRROR 等命令完成。

（5）标注。在预先设置好的"标注样式"中选择需要的样式，在"标注"图层内进行标注。在标注时注意使用"连续标注"、"基线标注"、"标注更新"和"编辑标注文字"等命令。

（6）输入文字。从设置好的"文字样式"中选择需要的样式，用多行文字命令 MTEXT 输入即可，文字的大小设置参见前面的说明。

（7）绘制表格。表格绘制可以使用表格命令 TABLE 完成，使用前可以先设置表格样式。

2. 桥梁下部结构图的绘制

桥梁下部结构包括桥墩、桥台和基础。

（1）桥墩构造图的绘制。桥墩是支撑上部结构并将其传来的荷载再传至地基上，且设置在桥梁中间位置的结构物。桥墩构造图包括立面图、平面图和侧面图三部分。某桥墩构造图如图 8-3 所示。

绘制桥墩构造图，首先也是利用预先做好的样板图新建文件，并根据实际情况建立新的绘图环境，然后按以下步骤绘制。

1）绘制立面图。立面图包括盖梁、桩柱、钻孔桩、挡块。由于钻孔桩的长度较大可以使用折断线来表达桩长，但必须在桩底和桩顶加注高程。

绘图时先绘制桩柱、钻孔桩及盖梁中心线和构造辅助线，然后绘制梁板、桩柱、钻孔桩的轮廓线。可以使用 COPY、MIRROR、OFFSET 等命令来提高绘图的效率。

2）绘制平面图。平面图包括梁板、桩柱、钻孔桩、挡块、支座中心线。

绘图时先绘制桩柱和支座中心线，然后用 LINE、CIRCLE 命令绘制盖梁、桩柱、钻孔桩、挡块在平面上的投影。绘图过程中可以使用 COPY、MIRROR、OFFSET 等命令以提高绘图的速度。

3）绘制侧面图。侧面图包括盖梁、桩柱、钻孔桩、挡块。

绘图时先绘制桩柱和钻孔桩的中心线，用 LINE 命令绘制桩柱、梁板、挡块。桩柱和钻孔桩可使用 COPY 命令从立面图复制得到，绘制盖梁和挡块时可使用"相对坐标"、偏移等绘图方法完成。

4）尺寸标注和高程的标注。在预先设置好的"标注样式"中选择需要的样式，在"标注"图层内进行标注。在标注时注意使用"连续标注"、"基线标注"、"标注更新"和"编辑标注文字"等命令。

标注高程时，只需绘制一个，然后用 COPY 命令复制创建，再用 DDEDIT 命令修改文字内容即可。也可以使用 WBLOCK 命令将其定义为图块，以便后面绘制相关图形时直接调用。

5）绘制表格。表格绘制可以使用表格命令 TABLE 完成，使用前可以先设置表格样式。

6）输入文字。从设置好的"文字样式"中选择需要的样式，用多行文字命令 MTEXT 输入即可，文字的大小设置参见前面的说明。

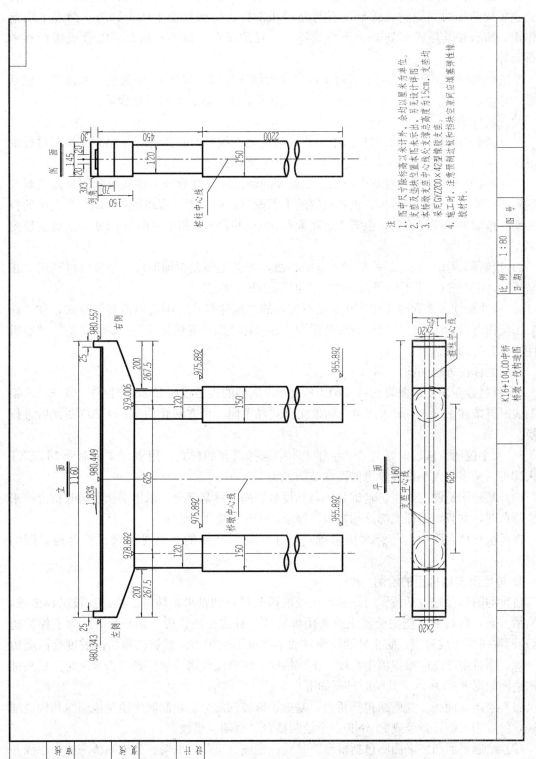

注：
1. 图中尺寸除高以米计外，余均以厘米为单位。
2. 支座及垫块位置本图未示出，另见支座设计详图。
3. 本桥墩支座中心线处支座总高度为15cm，支座均采用GYZ200×42型橡胶支座。
4. 施工时，注意预制边板和挡块空隙用宜填塞弹性橡胶材料。

K16+104.00中桥
桥墩一般构造图

比例　1：80
日期

图号

图 8 - 3　桥墩一般构造图

（2）桥台构造图的绘制。桥台是支撑上部结构并将其传来的荷载再传至地基上，且设置在桥梁两端的结构物。桥台还有与路堤相衔接、抵御路堤土压力、防止路堤土塌落的作用。桥台按其形式可划分为重力式桥台、轻型桥台、框架式桥台、组合式桥台和承拉桥台等。

绘制桥台构造图前同样应先新建文件并设置绘图环境，以图 8-4 为例，其构造图包括盖梁、耳墙、背墙、搭板、挡块、支座垫石、肋板、桩基础、材料数量表等。

绘制过程如下。

1）绘制立面图。首先绘制桩基中心线和构造辅助线，对总体进行控制。在绘图过程中要灵活运用偏移命令 OFFSET 和复制命令 COPY 来提高绘图的速度。

2）绘制平面图。绘制桩基中心线、主要控制辅助线（注意辅助线在单独图层内绘制）。绘制耳墙、盖梁、垫石、肋板、桩基础等的平面投影，在绘图时可利用立面图与平面图的投影关系，作辅助线控制绘图，也需要运用偏移命令 OFFSET 和复制命令 COPY 来提高绘图效率。

3）绘制侧面图。先绘制桩基和支座中心线，构造主要控制辅助线。绘图时可利用"相对坐标"、OFFSET、TRIM 等命令功能来提高绘图的速度。

4）尺寸标注和高程的标注。在预先设置好的"标注样式"中选择需要的样式，在"标注"图层内进行标注。标注时注意灵活运用"连续标注"、"基线标注"、"标注更新"、"编辑标注文字"等命令。

高程的标注方法同前。

5）材料数量表。用图表命令 TABLE 绘制出需要的表格或用 Excel 来制作。用 Excel 编辑图表时直接在 Excel 中输入即可，如果文字式样不同，可在转化为 AutoCAD 图元后进行改换。

6）文字说明。从设置好的"文字样式"中选择需要的样式，用多行文字命令 MTEXT 输入即可，文字的大小设置参见前面章节的说明。

（3）基础构造图的绘制。基础是桥墩和桥台底部的奠基部分，承担了从桥墩和桥台传来的全部荷载，并且要保证上部结构按设计要求能产生一定的变位。

在桥墩和桥台图中，已经对桩基础进行了绘制。具体的绘制见桥墩、桥台构造图的绘制。

3. 桥梁附属结构图的绘制

桥梁的附属设施包括桥梁与路堤衔接处的桥头搭板和锥形护坡等。锥形护坡又称锥坡，是当桥（涵）台布置不能完全挡土或采用埋置式、桩式、柱式桥（涵）台时，为了保护桥（涵）两端路堤土坡稳定、防止冲刷所设置的半圆锥形的护坡。锥坡的横桥向坡度与路堤边坡一致，顺桥向坡度应根据填土高度、土质情况，结合设计水位和铺砌与否来决定。桥头锥坡构造图如图 8-5 所示，其绘制过程如下。

（1）绘制立面图。立面图包括桥台、基础、锥坡三部分。绘制时先绘制地面线和构造辅助线，然后用 LINE 命令或 PLINE 命令绘制桥台、基础、锥坡。

（2）绘制平面图。平面图包括桥台、基础、锥坡、道路边坡等。先绘制桥跨的中心线和构造辅助线，然后绘制锥坡、耳墙、道路边坡及锥坡坡脚。

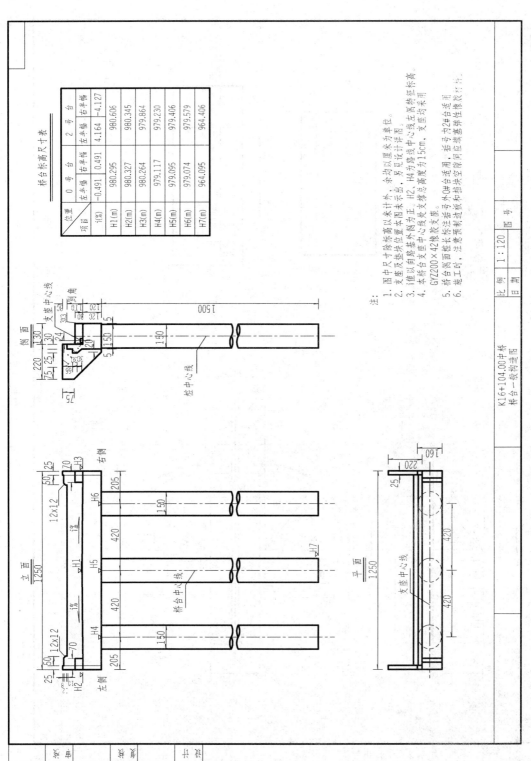

桥台标高尺寸表

项目\位置	0号台		2号台	
	左半幅	右半幅	左半幅	右半幅
i(%)	-0.491	0.491	4.164	-4.127
H1(m)	980.295		980.606	
H2(m)	980.327		980.345	
H3(m)	980.264		979.864	
H4(m)	979.117		979.230	
H5(m)	979.095		979.406	
H6(m)	979.074		979.579	
H7(m)	964.095		964.406	

注:
1. 图中尺寸除桥高以米计外,余均以厘米为单位。
2. 谨以向路基本构为正。H2、H4为路线中心线左侧特征标高。
3. 本桥台支座中心线处处支撑总高度为15cm,支座均采用GYZ2200×42橡胶支座。
4. 桥台侧面桩长标注括号外0#台适用,括号内2#台适用。
5. 施工时,注意预制构件搁块空隙应填塞弹性橡胶衬垫。

K16+104.00中桥
桥台一般构造图

比例 1:120
日期 图号

图 8 - 4 桥台一般构造图

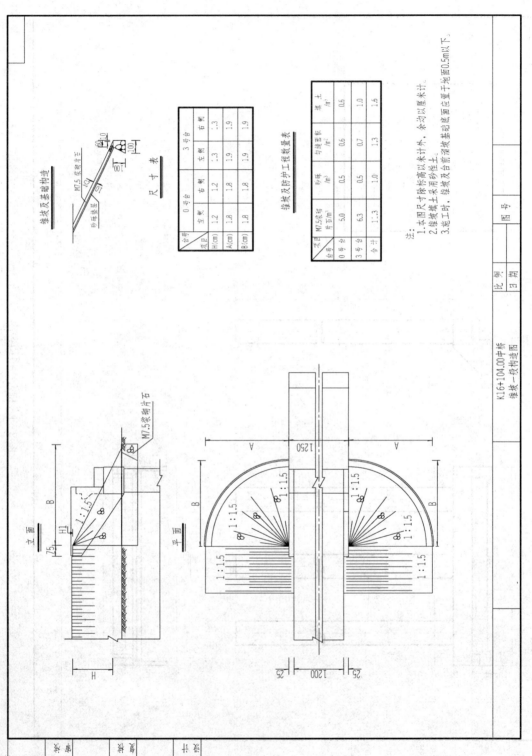

图 8-5　锥坡一般构造图

（3）尺寸和高程的标注。选择需要的"标注样式"，在"标注"图层内进行标注。在标注时注意使用"连续标注"、"基线标注"、"标注更新"、"编辑标注文字"等命令。

高程的标注方法同前。

（4）文字和表格。从设置好的"文字样式"中选择需要的样式，用多行文字命令MTEXT 输入即可，文字的大小设置参见前面章节的说明。

表格的绘制方法同前。

8.3　桥梁钢筋构造图的绘制

用钢筋混凝土制成的板、梁、桥墩和桩等构件组成的结构物，称为钢筋混凝土结构。为了把钢筋混凝土结构表达清楚，需要画出钢筋结构图，又称钢筋布置图。钢筋结构图表示了钢筋的布置情况，是钢筋断料、加工、绑扎、焊接和检验的重要依据。一般来讲，钢筋结构图应包括钢筋布置、钢筋编号、尺寸、规格、根数、钢筋成型图和钢筋数量表及技术说明。

钢筋结构图主要是表达构件内部钢筋的布置情况，因此，在作图时把混凝土假设为透明体，结构外形轮廓画成细实线，钢筋则画成粗实线，以突出钢筋的表达。而在断面图中，钢筋被剖切后，用小黑圆点表示，钢筋重叠时可用小圆圈来表示。钢筋弯钩和净距的尺寸都比较小，画图时不能严格按比例来画，以免重叠。要考虑适当放宽尺寸，以清楚为度，称为夸张画法。同理，在立面图中遇到钢筋重叠时，也要放宽尺寸以使图面清晰。为使图面更加清晰，在绘制钢筋结构图时，3 个视图不一定都画出来，可根据具体情况决定绘制哪些视图。

1. 钢筋大样图的绘制

在钢筋结构图中，为了能充分表明钢筋的形状以便于配料和施工，必须画出每种钢筋的加工成型图，并在图上注明钢筋的符号、直径、根数、弯曲尺寸、断料长度及一些特殊的要求等，称为钢筋大样图或施工详图。

一幅图中的钢筋编号可以从 1 号开始，同种钢筋在不同图中其编号应相同。钢筋的长度用数字标注在钢筋的左侧或上面，钢筋的下料长度标注在钢筋符号的下面，如图 8 - 6 所示。

如图 8 - 6 所示的钢筋大样图中②表示 2 号钢筋，10ϕ8 表示 8mm直径的 2 号钢筋共 10 根，132.8 表示钢筋的下料长度为 132.8cm；54.6 和 13.6 分别表示各自的边长。弯钩的具体要求可参照《道路工程制图标准》（GB 50162—1992）。

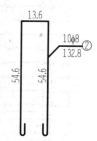

图 8 - 6　钢筋大样图

2. 板钢筋构造图的绘制

一般的钢筋构造图包括立面图、平面图、横断面图、钢筋大样图、钢筋数量表等。某空心板（中板）钢筋构造图如图 8 - 7 和图 8 - 8 所示，其绘制过程如下。

（1）新建文件和设置绘图环境。利用预先做好的样板新建文件，并根据实际情况进行绘图界限的更改，添加图层、图块、文字样式、标注样式等内容，建立新的绘图环境。

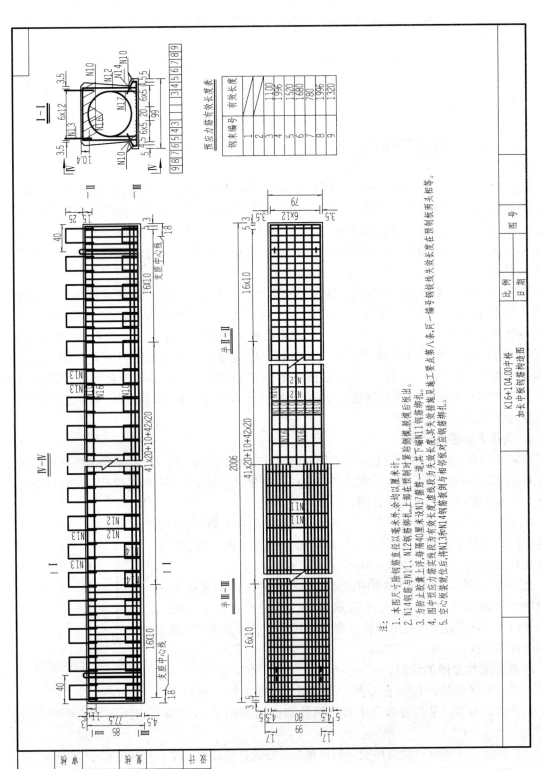

预应力筋管有效长度表

钢束编号	有效长度
1	1100
2	
3	1996
4	1520
5	1680
6	780
7	1996
8	
9	1320

注:
1. 本图尺寸除钢筋直径以毫米外余均以厘米计。
2. N14钢筋与N11、N12钢筋绑扎,上部在预制时緊贴侧模,浇混凝后板出。
3. 为防止胶囊上浮每隔40厘米求N17箍筋一道其下端N11钢筋绑扎。
4. 图中预应力筋束线段为有效长度,其夫效长度其夫效措详见夫效措图第八点第八条,同一编号钢筋线夫效长度在预制板两头相等。
5. 空心板安装后浇N13和N14钢筋板倒与相邻板应定筋绑扎。

图 8-7 空心板钢筋构造图

K16+104.00中桥
加长中板钢筋构造图

比例
日期
图号

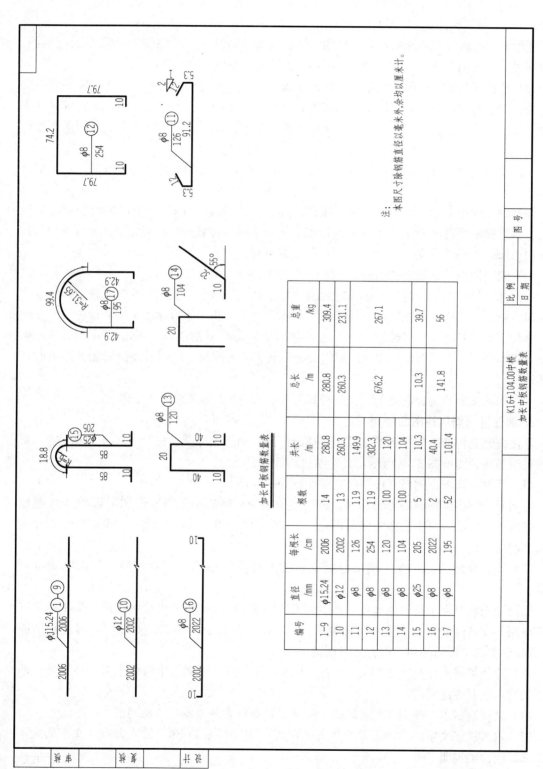

加长中板钢筋数量表

编号	直径 /mm	每根长 /cm	根数	共长 /m	总长 /m	总重 /kg
1—9	φj15.24	2006	14	280.8	280.8	309.4
10	φ12	2002	13	260.3	260.3	231.1
11	φ8	126	119	149.9		
12	φ8	254	119	302.3	676.2	267.1
13	φ8	120	100	120		
14	φ8	104	100	104		
15	φ25	205	5	10.3	10.3	39.7
16	φ8	2022	2	40.4		
17	φ8	195	52	101.4	141.8	56

注：本图尺寸除钢筋直径以毫米外,余均以厘米计。

K16+104.00中桥
加长中板钢筋数量表

比例　　　　日期

图号

图 8 - 8　钢筋数量表

（2）绘制立面图。立面图包括预应力钢筋、主受力钢筋、箍筋、架立钢筋、水平纵向钢筋。

先绘制空心板外框轮廓线，然后使用 LINE 或 PLINE 命令在"钢筋"图层中绘制钢筋。在绘图时，可使用 COPY、OFFSET、ARRAY 等命令来提高绘图速度。

（3）绘制平面图。平面图包括空心板的顶板钢筋和底板钢筋。首先用立面图和平面图的对应关系确定基本辅助线，绘制顶板和底板钢筋时，可使用 OFFSET、ARRAY、MIRROR 等命令复制创建。绘图过程中，注意参照空心板的一般构造图，结合立面图和横断面图进行修改。

（4）绘制横断面图。横断面图包括空心板梁轮廓线、顶板和底板钢筋、箍筋、水平架立钢筋。

绘制时先使用 LINE 或 PLINE 命令画出外框图，然后在"钢筋"图层内绘制钢筋的横断面。钢筋横断面可用 DONUT 命令绘制实心圆环表示（即将圆环内径定义为 0），绘制时，可使用 ARRAY 命令中的"矩形阵列"进行复制创建。

（5）绘制图表。绘制方法同前。

（6）标注尺寸和钢筋符号。选择需要的"标注样式"，在"标注"图层内进行标注。在标注时注意使用"连续标注"、"基线标注"、"标注更新"和"编辑标注文字"命令。

标注钢筋符号时，只需绘制一个，然后用 COPY 命令复制创建，再用 DDEDIT 命令修改文字内容即可。也可以使用 WBLOCK 命令将其定义为图块，以便后面绘制相关图形时直接调用。

（7）输入文字。选择需要的"文字样式"，用 MTEXT 命令输入文字即可。

3. 灌注桩钢筋构造图的绘制

灌注桩钢筋构造图包括钢筋立面图、横断面图、钢筋大样图、材料数量表、说明等。某灌注桩钢筋构造图如图 8-9 所示，其绘制过程如下。

（1）绘制立面图。钢筋立面图包括受压钢筋、箍筋。

绘制时先画出钢筋混凝土轮廓线，进行整体控制；然后用 LINE 或 PLINE 命令绘制钢筋（受压钢筋的位置可参照横断面图来确定），可使用 COPY、OFFSET、MIRROR 等命令以提高绘图速度。

（2）绘制横断面图。由于钢筋混凝土桩的上部受压钢筋和下部不同，绘制时需分别表示。

先绘制钢筋混凝土桩的轮廓线，然后用 CIRCLE 或 PLINE 命令绘制箍筋。受压钢筋横断面可用 DONUT 命令绘制实心圆环表示（即将圆环内径定义为 0），绘制时，可使用 AR-RAY 命令中的"环形阵列"进行复制创建。

（3）绘制钢筋大样图。使用 LINE 或 PLINE 命令将每根钢筋单独画出来，并详细注明加工尺寸，绘制方法同前。

（4）材料数量表。使用 TABLE 命令完成材料数量表的绘制，方法同前。

（5）输入注解文字。选择需要的"文字样式"，用 MTEXT 命令输入即可，文字的大小设置参见前面的说明。

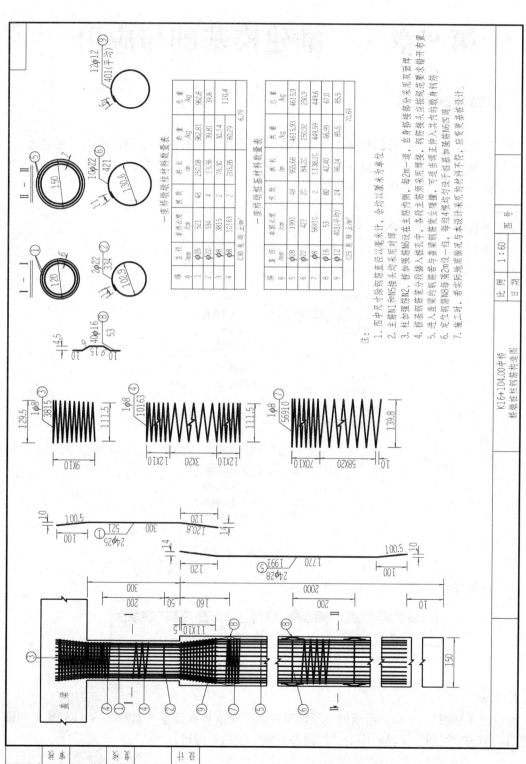

一座桥横截柱材料数量表

编号	直径 /mm	单根长度 /cm	根数	共长 /m	共重 /kg	总重 /kg
1	φ25	521	48	250.08	962.81	962.8
2	φ22	334	4	13.36	39.81	39.8
3	φ8	3815	2	76.30	30.14	110.4
4	φ8	10163	2	203.26	80.29	

C30 混凝土/m³ 6.79

一座桥墩桩基材料数量表

编号	直径 /mm	单根长度 /cm	根数	共长 /m	共重 /kg	总重 /kg
5	φ28	1991	48	955.68	4615.93	4615.9
6	φ22	421	20	84.20	250.92	250.9
7	φ8	56910	2	1138.26	449.59	449.6
8	φ8	53	80	42.40	66.99	67.0
9	φ12	401(平均)	24	96.24	85.5	85.5

C25 混凝土/m³ 70.69

注:
1. 图中尺寸除钢筋直径以毫米计,余均以厘米为单位。
2. 主筋N1和N5接头均采用对焊。
3. 柱加强筋N2、桩加强筋N6设在主筋内侧,每2m一道,自身搭接部分采用双面焊,钢筋接头入其内的端身钢筋。
4. 桩基钢筋笼分段插入桩孔中,各段主筋须采用焊接,可适当调整至伸入主筋加强筋N6四周。
5. 进入盖梁的钢筋若与盖梁钢筋发生碰撞,可适当调整主筋位置。
6. 定位钢筋N8每隔2m设一组,每组4根均匀分布于没于桩基加强筋N6四周。
7. 施工时,若实际地质情况与本设计采用完的材料不符,应变更基础设计。

图 8 - 9

K16+104.00中桥
桥墩桩柱钢筋构造图
灌注桩钢筋构造图

比例	1:60	图号
日期		

盖梁

150

第 9 章　三维建模基础与应用

9.1　设置三维视图

　　绘制二维图形时，所有的绘图工作都是在 XY 平面上进行的，绘图的视点不需要改变。但在绘制三维图形时，一个视点往往不能满足观察物体各个部位的需要，用户常常需要改变视点，以便从不同的方向观察三维物体。

1. 命令

- 命令行输入：VPOINT 等。
- 菜单命令："视图"→"三维视图"子菜单中的相关命令（图 9-1）。

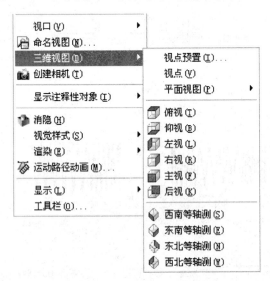

图 9-1　"三维视图"子菜单

- 图标按钮："视图"工具栏（图 9-2）。

图 9-2　"视图"工具栏

2. 示例

　　假设已有如图 9-3（a）所示的三维模型视图，现欲将其设置为如图 9-3（b）所示的轴测视图，单击"视图"工具栏中的"西南等轴测"按钮　即可。

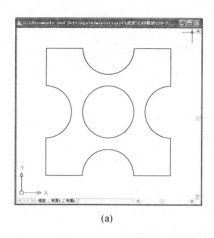
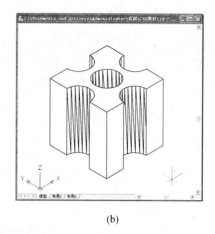

(a) (b)

图 9-3　设置三维视图

(a) 默认视图（俯视）；(b) 西南等轴测视图

9.2　用户坐标系的创建与应用

在二维绘图中，所绘制的图形都是位于水平面（XY 平面）上，仅使用系统默认的世界坐标系就足够了。但在绘制三维图形时，由于每个要定位的点都可能有互不相同的 Z 坐标，此时仍使用世界坐标系就显得不大方便。

定义用户坐标系（UCS）主要是改变坐标系原点以及 XY 平面的位置和坐标轴的方向。在三维空间中，UCS 原点以及 XY 平面的位置和坐标轴的方向可以任意改变，也可随时定义、保存和调用多个用户坐标系。

1. 命令

- 命令行输入：UCS。
- 菜单命令："工具" → "新建 UCS" 或 "命名 UCS"。
- 图标按钮：UCS 工具栏和 UCS Ⅱ 工具栏（图 9-4）。

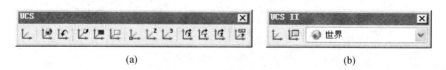

(a) (b)

图 9-4　UCS 工具栏和 UCS Ⅱ 工具栏

(a) UCS 工具栏；(b) UCS Ⅱ 工具栏

2. 用户坐标系应用实例

在长方体的不同方位绘图和写字（图 9-5）。

操作步骤如下：

（1）利用 BOX 命令绘制长方体。

（2）利用 VPOINT 命令显示成轴测图，注意 UCS 图标的变化。

（3）利用 UCS 命令，选择"视图（V）"，设置 UCS 的 XY 平面与屏幕平面平行，UCS 图标显示如图 9-5 所示。

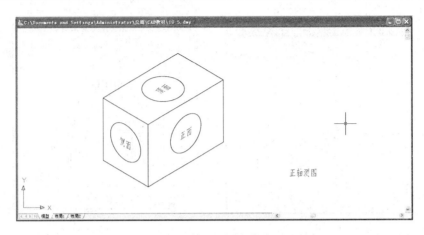

图 9 - 5   在长方体的不同方位绘图和写字

（4）写文字"正轴测图"。

（5）利用 UCS 命令，使用"三点（3）"或"面（F）"选项，将 UCS 的 XY 平面平移到长方体正面上，如图 9 - 6（a）所示。

（6）当前绘图平面为正面，在正面上写字"正面"，并画圆（必要时，也可以利用 PLAN 命令转化为平面视图，写字画线）。

（7）同理，利用 UCS 命令，把当前 UCS 设置成如图 9 - 6（b）、（c）所示位置，可分别在侧面和顶面上写字画圆。

（8）在变动 UCS 过程中，也可以命名保存，以便后续作图时调用。

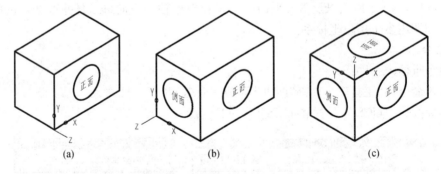

| (a) | (b) | (c) |

图 9 - 6   设置当前 UCS 绘图

9.3   三维实体的创建与编辑

在道路和桥梁的设计与绘图过程中，三维图形的应用越来越广泛，甚至出现了很多专业的道路与桥梁三维设计、建模软件。而实际上 AutoCAD 所提供的三维实体创建、编辑命令已基本能满足一般的道路、桥梁建模和展示工作。

在 AutoCAD 中创建三维实体通常有以下三种方式。

• 利用 AutoCAD 提供的绘制基本实体的相关函数，直接输入基本实体的控制尺寸，由 AutoCAD 自动生成。

• 由二维图形沿与图形平面垂直的方向或指定的路径拉伸完成，或者将二维图形绕平面内的一条直线回转而成，或者采用扫掠和放样的方法建立。

• 将通过以上两种方法创建的实体进行并、交、差运算从而得到更加复杂的实体。

9.3.1 创建基本实体

基本实体包括长方体、球体、圆柱体、圆锥体、圆环体、楔体。下面分别介绍这些基本实体的绘制方法。

1. 长方体

长方体由底面的两个对角顶点和长方体的高度定义，如图9-7所示。

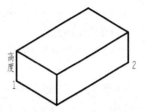

图 9-7 长方体

（1）命令

• 命令行输入：BOX。

• 菜单命令："绘图"→"建模"→"长方体"。

• 图标按钮："建模"工具栏 。

（2）格式

命令：BOX ↙

指定第一个角点或［中心(C)］：(指定长方体底面一个角点1的位置)

指定其他角点或［立方体(C)/长度(L)］：(指定对角顶点2的位置)

指定高度或［两点(2P)］：(指定一个距离作为长方体的高度，完成长方体的绘制)

利用"立方体（C）"选项可以通过指定边长创建立方体；利用"长度（L）"选项可以通过指定长方体的长、宽、高来创建长方体。长方体的高度值可以从键盘输入，也可以用鼠标在屏幕上指定一个距离作为高度值。

2. 球体

球体由球心的位置及半径（或直径）定义。

（1）命令

• 命令行输入：SPHERE。

• 菜单命令："绘图"→"建模"→"球体"。

• 图标按钮："建模"工具栏 。

（2）格式

命令：SPHERE ↙

指定中心点或［三点(3P)/两点(2P)/相切、相切、半径(T)］：(指定球体中心点的位置)

指定半径或［直径(D)］：(输入球体的半径，完成球体的绘制)

消隐后的球体如图9-8所示。

3. 圆柱体

圆柱体由圆柱底面中心、圆柱底面半径（或直径）和圆柱的高度确定。圆柱体底面位于当前 UCS 的 XY 平面上。

(1) 命令

• 命令行输入：CYLINDER（缩写名：CYL）。

• 菜单命令："绘图" → "建模" → "圆柱体"。

• 图标按钮："建模" 工具栏 。

(2) 格式

命令：CYLINDER↙

指定底面的中心点或 [三点(3P)/两点(2P)/相切、相切、半径(T)/椭圆(E)]：(指定圆柱体底面的中心点位置)

指定底面半径或 [直径(D)]：(确定圆柱体底面的半径)

指定高度或 [两点(2P)/轴端点(A)]：(确定圆柱体的高度,完成圆柱体的绘制)

消隐后的圆柱体如图 9-9 所示。

4. 圆锥体

圆锥体由圆锥体的底面中心、圆锥体底面半径（或直径）和圆锥体的高度确定。圆锥体底面位于当前 UCS 的 XY 平面上。

(1) 命令

• 命令行输入：CONE。

• 菜单命令："绘图" → "建模" → "圆锥体"。

• 图标按钮："建模" 工具栏 。

(2) 格式

命令：CONE↙

指定底面的中心点或 [三点(3P)/两点(2P)/相切、相切、半径(T)/椭圆(E)]：(指定圆锥体底面的中心点位置)

指定底面半径或 [直径(D)]：(确定圆锥体底面半径)

指定高度或 [两点(2P)/轴端点(A)/顶面半径(T)]：(确定圆锥体的高度,完成圆锥体的绘制)

消隐后的圆锥体如图 9-10 所示。

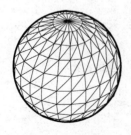

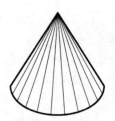

图 9-8　球体　　　　　　　图 9-9　圆柱体　　　　　　图 9-10　圆锥体

5. 楔体

楔体由底面的一对对角顶点和楔体的高度确定，其斜面正对着第一个顶点，底面位于当前 UCS 的 XY 平面上，与底面垂直的四边形通过第一个顶点
且平行于 UCS 的 Y 轴，如图 9 - 11 所示。

图 9 - 11　楔体

（1）命令

- 命令行输入：WEDGE（缩写名：WE）。
- 菜单命令："绘图"→"建模"→"楔体"。
- 图标按钮："建模"工具栏　。

（2）格式

命令:WEDGE↙

指定第一个角点或 [中心(C)]:(指定楔体底面上的第一个顶点)

指定其他角点或 [立方体(C)/长度(L)]:(指定楔体底面上的对角顶点)

指定高度或 [两点(2P)]:(确定楔体的高度,完成楔体的绘制)

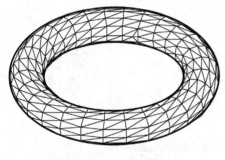

图 9 - 12　圆环体

6. 圆环体

圆环体由圆环体的中心、圆环体的半径（或直径）和圆管的半径（或直径）确定。圆环的中心位于当前 UCS 的 XY 平面上，且对称面与 XY 平面重合，如图 9 - 12 所示。

（1）命令

- 命令行输入：TORUS。
- 菜单命令："绘图"→"建模"→"圆环体"。
- 图标按钮："建模"工具栏　。

（2）格式

命令:TORUS↙

指定中心点或 [三点(3P)/两点(2P)/相切、相切、半径(T)]:(指定圆环体的中心)

指定半径或 [直径(D)]:(指定圆环体的半径)

指定圆管半径或 [两点(2P)/直径(D)]:(指定圆管的半径,完成圆环体的绘制)

9.3.2　利用二维图形创建三维实体

1. 拉伸二维图形创建三维实体

封闭的二维多段线、多边形、圆、椭圆、面域等图形对象，沿 Z 轴方向或某一指定路径进行拉伸，可以得到三维实体。拉伸过程中，不但可以指定拉伸高度，还可以使截面沿拉伸方向发生变化，如图 9 - 13 所示为用不同的拉伸锥角拉伸圆的建模效果。

(a)　　　　　　　　　　(b)　　　　　　　　　(c)

图 9 - 13　拉伸圆创建实体

(a) 拉伸锥角为 0°；(b) 拉伸锥角为 10°；(c) 拉伸锥角为－10°

(1) 命令

• 命令行输入：EXTRUDE。

• 菜单命令："绘图"→"建模"→"拉伸"。

• 图标按钮："建模"工具栏 。

(2) 格式

命令：EXTRUDE↙

当前线框密度： ISOLINES = 4

选择要拉伸的对象：(选择所绘制的二维对象)

选择要拉伸的对象：↙

指定拉伸的高度或 [方向(D)/路径(P)/倾斜角(T)]：(确定拉伸的高度,完成拉伸)

---

(3) 选项说明

• 方向 (D)：通过指定的两点指定拉伸的长度和方向。

• 路径 (P)：通过指定拉伸路径创建实体。所选择的路径曲线不能与拉伸轮廓共面，在拉伸时，拉伸轮廓处处与路径曲线垂直。

• 倾斜角 (T)：指定拉伸的倾斜角度。默认值为 0，如图 9 - 13 (a) 所示；角度为正，拉伸时向内收缩，如图 9 - 13 (b) 所示；角度为负，拉伸时向外扩展，如图 9 - 13 (c) 所示。

沿路径曲线拉伸，大大扩展了创建实体的范围。如图 9 - 14 (a) 所示为拉伸轮廓和路径曲线，如图 9 - 14 (b) 所示为拉伸结果。

2. 旋转二维图形创建三维实体

将圆、椭圆、闭合的二维多段线、面域等二维对象绕指定的轴旋转，可以创建旋转实体。

(1) 命令

• 命令行输入：REVOLVE。

• 菜单命令："绘图"→"建模"→"旋转"。

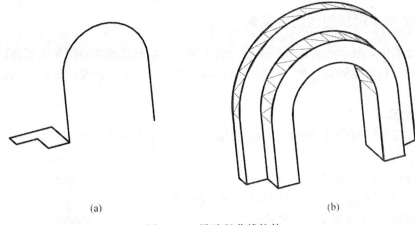

(a)　　　　　　　　　　　　　　　　　　　(b)

图 9 - 14　沿路径曲线拉伸

• 图标按钮："建模"工具栏。

（2）格式

命令：REVOLVE✓

当前线框密度：ISOLINES = 4

选择要旋转的对象：(选择闭合的二维对象)

选择要旋转的对象：✓

指定轴起点或根据以下选项之一定义轴［对象(O)/X/Y/Z］＜对象＞：(指定旋转轴第一个端点)

指定轴端点：(指定旋转轴的另一个端点)

指定旋转角度或［起点角度(ST)］＜360＞：(输入旋转角度，默认为 360°)

（3）说明。旋转轴可以利用对象捕捉拾取两个端点确定，或利用"对象（O）"选项直接拾取旋转轴，也可以指定 X、Y、Z 轴作为旋转轴。如图 9 - 15 所示为旋转二维图形创建的三维实体。

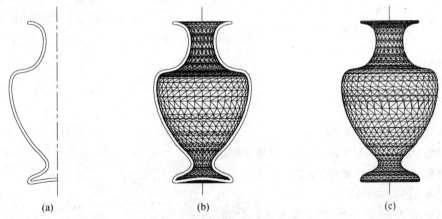

(a)　　　　　　　　　　(b)　　　　　　　　　　(c)

图 9 - 15　旋转二维图形创建的三维实体

(a) 旋转对象与旋转轴；(b) 旋转 180°；(c) 旋转 360°

9.3.3 通过布尔运算创建组合实体

在三维绘图中，复杂的实体往往不能一次生成，一般都是由相对简单的实体通过布尔运算组合而成的。布尔运算就是对多个三维实体进行求并、求差、求交的运算，从而最终形成所需要的实体。

1. 求并运算

求并运算就是将两个或两个以上的三维实体合并成一个三维实体。

（1）命令

• 命令行输入：UNION（缩写名：UNI）。

• 菜单命令："修改"→"实体编辑"→"并集"。

• 图标按钮："实体编辑"工具栏 ⑩ 。

（2）格式

启动 UNION 命令后，AutoCAD 提示：

- -

选择对象：

- -

此时只要选择要进行合并的实体，按 Enter 键便完成合并操作。两个实体合并前后如图 9-16 所示。

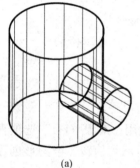 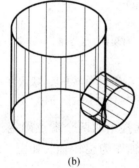

(a)   (b)

图 9-16 求并运算

(a) 求并前；(b) 求并后

2. 求差运算

求差运算就是从一个实体中减去另一个（或多个）实体，生成一个新的实体。

（1）命令

• 命令行输入：SUBTRACT。

• 菜单命令："修改"→"实体编辑"→"差集"。

• 图标按钮："实体编辑"工具栏 ⑩ 。

（2）格式及示例

- -

命令：SUBTRACT ↙

选择要从中减去的实体或面域…

选择对象：（选择被减的实体,如图 9-17 所示圆端形板）

选择对象：↙（按 Enter 键结束选取）

选择要减去的实体或面域…

选择对象：（选择要减去的一组实体,如图 9-17 所示圆柱）

选择对象：↙（按 Enter 键结束选取并完成求差运算）

- -

求差并消隐后的三维实体如图 9 - 17 （b） 所示，将在圆端形板上形成圆柱孔。

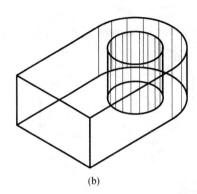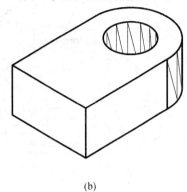

(b)　　　　　　　　　　　　　　　　　(b)

图 9 - 17　求差运算

（a）求差前；（b）求差后并作消隐

3. 求交运算

求交运算就是将两个或两个以上的三维实体的公共部分形成一个新的三维实体，而每个实体的非公共部分将会被删除。

（1）命令

- 命令行输入：INTERSECT （缩写名：IN）。
- 菜单命令："修改" → "实体编辑" → "交集"。
- 图标按钮："实体编辑" 工具栏⊚。

（2）格式及示例

命令：INTERSECT↙

选择对象：［选择进行求交运算的实体，如图 9 - 18(a)中的半球体和长方体］

选择对象：↙（按 Enter 键完成求交运算）

求交并消隐后得到的三维实体如图 9 - 18 （b） 所示。

9.3.4　三维实体的编辑

在 AutoCAD 中，可以对三维实体进行移动、旋转、阵列、镜像、倒直角、倒圆角、剖切、抽壳等操作。其中的移动、旋转、阵列、镜像操作与二维图形类似，这里只介绍几种典型的三维编辑命令。

1. 倒角

利用倒角命令可以切去实体的外棱角或填充实体的内棱角。

（1）命令

- 命令行输入：CHAMFER （缩写名：CHA）。
- 菜单命令："修改" → "倒角"。
- 图标按钮："修改" 工具栏┌。

（2）格式及示例

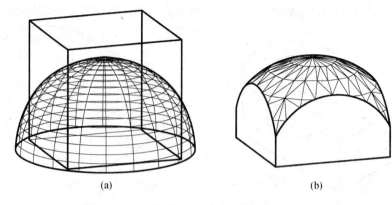

(a)　　　　　　　　　　　　(b)

图 9 - 18　求交运算
（a）求交前；（b）求交后并消隐

命令：CHAMFER✓

（"修剪"模式）当前倒角距离 1 = 0.0000，距离 2 = 0.0000

选择第一条直线或［放弃(U)/多段线(P)/距离(D)/角度(A)/修剪(T)/方式(E)/多个(M)］：(拾取要倒角的边)

基面选择...

输入曲面选择选项［下一个(N)/当前(OK)］<当前(OK)>：［此时包含该边的两个面中有一个显示为虚线（该面称为基面），若所要倒角的棱边仅一条或不止一条但均位于该面内，则按 Enter 键；否则输入"N"并按 Enter 键，则系统将包含该边的另一个面作为基面（显示为虚线）］

指定基面的倒角距离：5✓(指定位于基面上的倒角距离并按 Enter 键)

指定其他曲面的倒角距离 <5.0000>：✓(指定位于其他面上的倒角距离或按 Enter 键接受默认值)

选择边或［环(L)］：(再次选择位于基面且要进行倒角的所有边，按 Enter 键完成倒角操作。若输入"L"并按 Enter 键，则 AutoCAD 把围绕基面的所有边作为一个封闭的环，只要选择一条边，AutoCAD 自动将基面上的所有边都进行倒角处理)

普通平键模型倒角处理效果如图 9 - 19 所示。

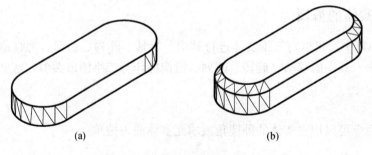

(a)　　　　　　　　　　　　(b)

图 9 - 19　普通平键模型倒角处理效果
（a）倒角前；（b）倒角后

2．圆角

圆角命令可以用来对三维实体的凸边倒圆角或对凹边填充圆角。

（1）命令
- 命令行输入：FILLET（缩写名：F）。
- 菜单命令："修改" → "圆角"。
- 图标按钮："修改"工具栏┌。

（2）格式及示例

命令：FILLET↙
当前设置：模式 = 修剪，半径 = 0.0000
选择第一个对象或 [放弃(U)/多段线(P)/半径(R)/修剪(T)/多个(M)]：（选择要倒圆角的一条边）
输入圆角半径：10↙（指定圆角半径）
选择边或 [链(C)/半径(R)]：（选择其他要倒圆角的边，按 Enter 键则选中的边都被倒圆角）

如图 9 - 20（a）所示的三维实体倒圆角后的结果如图 9 - 20（b）所示。

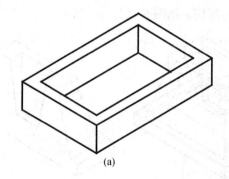
(a)

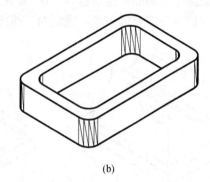
(b)

图 9 - 20　倒圆角
（a）倒圆角前；（b）倒圆角后

3. 剖切实体

可以将三维实体用剖切平面切开，然后根据需要可保留实体的一半或两部分均保留。

（1）命令
- 命令行输入：SLICE（缩写名：SL）。
- 菜单命令："修改" → "三维操作" → "剖切"。

（2）格式及示例

命令：SLICE↙
选择要剖切的对象：（选择要剖切的三维实体）
指定切面的起点或 [平面对象(O)/曲面(S)/Z 轴(Z)/视图(V)/XY(XY)/YZ(YZ)/ZX(ZX)/三点(3)]<三点>：
（根据情况选择一个选项以确定剖切平面）

以上各选项用于确定剖切面的位置，较常用的选项说明如下。
- 三点（3）：该选项是默认选项，按 Enter 键即可选中此选项。该选项提示用户输入三

个点来确定剖切平面。

• XY(XY)：该选项将使剖切面与当前用户坐标系的 XY 平面平行，指定一个点可确定剖切面的位置。

• YZ(YZ)：该选项将使剖切面与当前用户坐标系的 YZ 平面平行，指定一个点可确定剖切面的位置。

• ZX(ZX)：该选项将使剖切面与当前用户坐标系的 ZX 平面平行，指定一个点可确定剖切面的位置。

确定剖切平面后，AutoCAD 接着提示如下。

在所需的侧面上指定点或 [保留两个侧面(B)] <保留两个侧面>：(用鼠标在要保留的一侧单击一下。若两侧都要保留则输入"B")

为确保不误删除，建议输入 "B" 将两侧都保留下来，如图 9 - 21 (b) 所示，然后再用删除命令删掉不需要的一半，完成对三维实体的剖切，如图 9 - 21 (c) 所示。

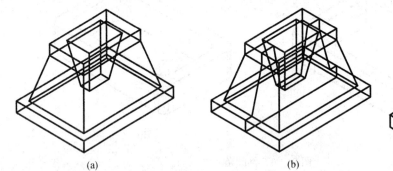 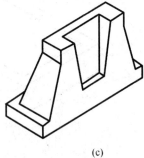

(a)　　　　　　　　　　　(b)　　　　　　　　　　　(c)

图 9 - 21　剖切实体

(a) 剖切前；(b) 剖切成两半；(c) 删除不需要的一半并消隐

4. 拉伸实体的面

拉伸实体的面与用 EXTRUDE 命令将二维对象拉伸成三维实体的操作类似。可将实体的某一个面进行拉伸而形成实体，所形成的实体被加入到原有的实体中。

拉伸实体的面可由 SOLIDEDIT 命令的"拉伸面"选项完成。

(1) 命令

• 命令行输入：SOLIDEDIT。

• 菜单命令："修改" → "实体编辑" → "拉伸面"。

• 图标按钮："实体编辑"工具栏◻。

(2) 格式及示例

命令：SOLIDEDIT↙

实体编辑自动检查：　SOLIDCHECK = 1

输入实体编辑选项 [面(F)/边(E)/体(B)/放弃(U)/退出(X)] <退出>：F↙

输入面编辑选项

[拉伸(E)/移动(M)/旋转(R)/偏移(O)/倾斜(T)/删除(D)/复制(C)/颜色(L)/材质(A)/放弃(U)/退出(X)]

<退出>：E✓

选择面或 [放弃(U)/删除(R)]：[选择要拉伸的实体表面,如图 9-22(a)中的顶面]

选择面或 [放弃(U)/删除(R)/全部(ALL)]：✓

指定拉伸高度或 [路径(P)]：20✓

指定拉伸的倾斜角度 <0>：-45✓

已开始实体校验

已完成实体校验

输入面编辑选项

[拉伸(E)/移动(M)/旋转(R)/偏移(O)/倾斜(T)/删除(D)/复制(C)/颜色(L)/材质(A)/放弃(U)/退出(X)]

<退出>：✓

实体编辑自动检查：　SOLIDCHECK = 1

输入实体编辑选项 [面(F)/边(E)/体(B)/放弃(U)/退出(X)] <退出>：✓

面拉伸后的结果如图 9-22（b）所示。

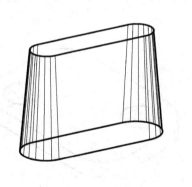 

（a）　　　　　　　　　　　　　　　（b）

图 9-22　拉伸实体的面

（a）拉伸前；（b）拉伸后并消隐

5. 移动实体的面

移动实体的面就是将三维实体的内表面（如孔、洞等结构）移动到指定位置。这一功能用于修改经过布尔运算以后的实体上的孔、洞的位置是非常方便的。

移动实体的面可由 SOLIDEDIT 命令的"移动面"选项完成。

（1）命令

• 命令行输入：SOLIDEDIT。

• 菜单命令："修改"→"实体编辑"→"移动面"。

• 图标按钮："实体编辑"工具栏 ⬚ 。

（2）格式及示例

命令：SOLIDEDIT✓

实体编辑自动检查： SOLIDCHECK = 1

输入实体编辑选项［面(F)/边(E)/体(B)/放弃(U)/退出(X)］＜退出＞：F↙

输入面编辑选项

［拉伸(E)/移动(M)/旋转(R)/偏移(O)/倾斜(T)/删除(D)/复制(C)/颜色(L)/材质(A)/放弃(U)/退出(X)］

＜退出＞：M↙

选择面或［放弃(U)/删除(R)］：［在图9-23(a)中，选择右后方的圆柱孔］

选择面或［放弃(U)/删除(R)/全部(ALL)］：↙

指定基点或位移：(利用对象捕捉拾取所选圆柱孔上端圆心为基点)

指定位移的第二点：(利用对象捕捉选取右前上方的圆角中心作为第二点)

已开始实体校验

已完成实体校验

输入面编辑选项

［拉伸(E)/移动(M)/旋转(R)/偏移(O)/倾斜(T)/删除(D)/复制(C)/颜色(L)/材质(A)/放弃(U)/退出(X)］

＜退出＞：↙

实体编辑自动检查： SOLIDCHECK = 1

输入实体编辑选项［面(F)/边(E)/体(B)/放弃(U)/退出(X)］＜退出＞：↙

面移动后的结果如图9-23（b）所示。

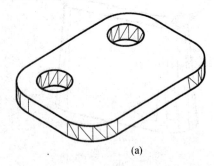 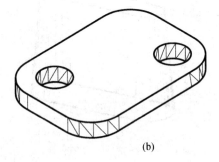

(a)　　　　　　　　　　　　　　　　(b)

图9-23　移动实体的面

（a）移动前；（b）移动后

6. 偏移实体的面

偏移面就是将三维实体中的一个或多个面等距偏移一定距离，而形成一个新的实体。距离为正值则增大实体尺寸或体积，负值则减小实体尺寸或体积。

（1）命令

• 命令行输入：SOLIDEDIT。

• 菜单命令："修改"→"实体编辑"→"偏移面"。

• 图标按钮："实体编辑"工具栏▱。

（2）格式及示例

命令：SOLIDEDIT↙

实体编辑自动检查： SOLIDCHECK = 1

输入实体编辑选项［面(F)/边(E)/体(B)/放弃(U)/退出(X)］＜退出＞：F↙

输入面编辑选项

[拉伸(E)/移动(M)/旋转(R)/偏移(O)/倾斜(T)/删除(D)/复制(C)/颜色(L)/材质(A)/放弃(U)/退出(X)]

<退出>：O↙

选择面或 [放弃(U)/删除(R)]：[在图 9-24 中，拾取内孔的两个棱从而选中内孔的四个棱面]

选择面或 [放弃(U)/删除(R)/全部(ALL)]：↙

指定偏移距离：-10↙（本例中偏移距离为负，即减少实体的体积）

已开始实体校验

已完成实体校验

输入面编辑选项

[拉伸(E)/移动(M)/旋转(R)/偏移(O)/倾斜(T)/删除(D)/复制(C)/颜色(L)/材质(A)/放弃(U)/退出(X)]

<退出>：↙

实体编辑自动检查： SOLIDCHECK = 1

输入实体编辑选项 [面(F)/边(E)/体(B)/放弃(U)/退出(X)] <退出>：↙

- -

面偏移后的实体如图 9-24 （b） 所示。

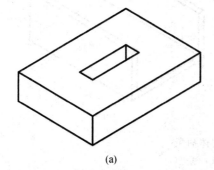 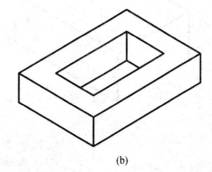

(a) (b)

图 9-24　偏移实体的面

(a) 偏移前；(b) 偏移后

7. 抽壳

将三维实体的各个面从其原来的位置向内或向外偏移一个指定的距离而形成新的面，这样，原来的实体对象就变成了一个具有指定厚度的壳体。

（1）命令

- 命令行输入：SOLIDEDIT。
- 菜单命令："修改" → "实体编辑" → "抽壳"。
- 图标按钮："实体编辑" 工具栏 。

（2）格式及示例

- -

命令：SOLIDEDIT↙

实体编辑自动检查： SOLIDCHECK = 1

输入实体编辑选项 [面(F)/边(E)/体(B)/放弃(U)/退出(X)] <退出>：B↙

输入体编辑选项

[压印(I)/分割实体(P)/抽壳(S)/清除(L)/检查(C)/放弃(U)/退出(X)] <退出>：S↙

选择三维实体：（选择要抽壳的三维实体，如图9-25中的长方体）

删除面或［放弃(U)/添加(A)/全部(ALL)］：（选择不需要偏移的平面，即抽壳后开口的表面，如图9-25中长方体的左侧面和顶面）

删除面或［放弃(U)/添加(A)/全部(ALL)］：↙

输入抽壳偏移距离：5↙

已开始实体校验

已完成实体校验

输入体编辑选项

［压印(I)/分割实体(P)/抽壳(S)/清除(L)/检查(C)/放弃(U)/退出(X)］＜退出＞：↙

实体编辑自动检查： SOLIDCHECK = 1

输入实体编辑选项 ［面(F)/边(E)/体(B)/放弃(U)/退出(X)］＜退出＞：↙

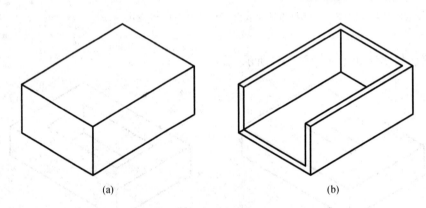

(a) (b)

图9-25 实体抽壳

（a）抽壳前；（b）抽壳后

9.4 三维建模在道路与桥梁工程中的应用

创建三维模型是制作三维效果图的基础，三维建模在道路与桥梁设计中具有十分重要的作用，它可以将设计人员的意图非常直观地展现出来。下面将通过实例——预应力空心板桥的三维建模实例来说明三维建模的方法。

1. 重力式桥台建模

重力式桥台是由台帽、前墙、侧墙和基础4个部分组成的。建模时，可先对台帽、前墙、侧墙和基础分别进行建模，然后再组装成一个整体的桥台。

（1）台帽建模。台帽为长方体，长1460cm，宽90cm，厚度为60cm。可用BOX命令创建。

命令：BOX↙

指定第一个角点或［中心(C)］：0,0,0↙

指定其他角点或［立方体(C)/长度(L)］：L↙

指定长度：90↙

指定宽度：1460 ↙

指定高度或［两点(2P)］：60 ↙

- -

台帽绘制结果在东南等轴测视图中如图 9 - 26 所示。

（2）前墙建模。前墙断面如图 9 - 27 所示，长 1450cm。桥台前墙虽然不是基本实体，但可以通过二维图形（断面）拉伸创建。具体操作步骤如下。

1）利用 LINE 命令或 PLINE 命令绘制前墙断面图形。

2）使用 REGION 命令将前墙断面生成面域。

3）将视图设置为东南等轴测视图，将生成的面域绕 X 轴旋转 90°。

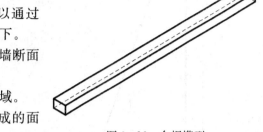

图 9 - 26　台帽模型

4）使用 EXTRUDE 命令拉伸面域，拉伸高度为 1450。

前墙绘制结果在东南等轴测视图中如图 9 - 28 所示。

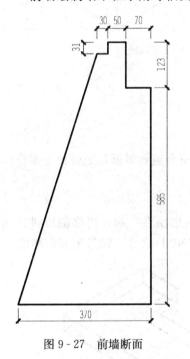

图 9 - 27　前墙断面

（3）侧墙建模。侧墙断面如图 9 - 29 所示，长 800cm。创建步骤如下。

1）利用 LINE 命令或 PLINE 命令绘制侧墙断面图形。

2）使用 REGION 命令将侧墙断面生成面域。

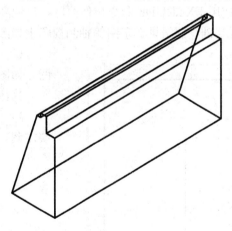

图 9 - 28　前墙模型

3）将视图设置为东南等轴测视图，将生成的面域先绕 X 轴旋转 90°，再绕 Z 轴旋转 90°。

4）使用 EXTRUDE 命令拉伸面域，拉伸高度为 800。

侧墙绘制结果在东南等轴测视图中如图 9 - 30 所示。

（4）基础建模。基础形状为"凹"字形，其平面图形如图 9 - 31 所示，厚 150cm。创建步骤如下：

1）利用 LINE 命令或 PLINE 命令绘制基础平面图形。

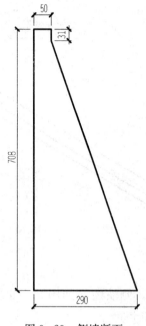

图 9-29　侧墙断面

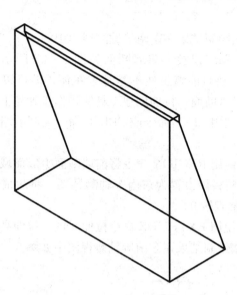

图 9-30　侧墙模型

2）使用 REGION 命令将平面图形生成面域。

3）将视图设置为东南等轴测视图。

4）使用 EXTRUDE 命令拉伸面域，拉伸高度为 150。

桥台基础绘制结果在东南等轴测视图中如图 9-32 所示。

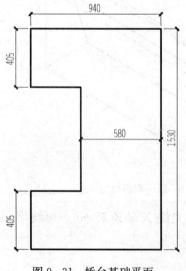

图 9-31　桥台基础平面

（5）桥台组装。桥台组装需要参照桥台平面设计图，如图 9-33 所示。

具体操作步骤如下。

1）先将台帽与前墙拼在一起，再将侧墙拼在前墙左侧，利用 MIRROR3D 命令，镜像生成右侧墙。

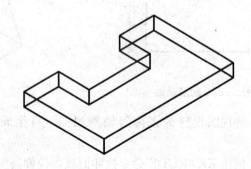

图 9-32　桥台基础模型

2）将基础与已经组合好的台帽、前墙、侧墙拼在一起。

3）使用 UNION 命令将所有部件合成一个整体。

操作结束后，生成的桥台三维模型如图 9-34 所示。

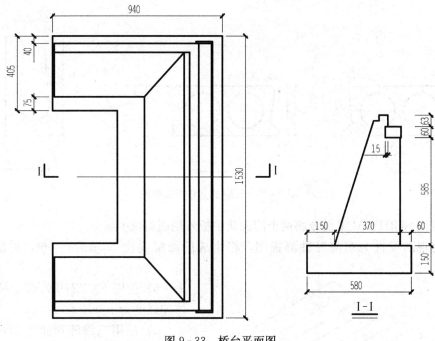

图 9-33　桥台平面图

命令：MIRROR3D↙

选择对象：（选择左侧墙）

选择对象：↙

指定镜像平面（三点）的第一个点或

[对象(O)/最近的(L)/Z 轴(Z)/视图(V)/XY 平面(XY)/YZ 平面(YZ)/ZX 平面(ZX)/三点(3)]＜三点＞：zx↙

指定 ZX 平面上的点 ＜0,0,0＞：（用对象捕捉拾取前墙中点）

是否删除源对象？[是(Y)/否(N)]＜否＞：↙

---

2. 上部结构建模

上部结构包括预应力空心板、桥面铺装和刚性护栏 3 部分。建模时可以先分别对空心板、桥面铺装和刚性护栏建模，然后再进行拼装。

（1）预应力空心板建模。桥面由 9 块中板与 2 块边板组成，其断面图及板间铰缝情况如图 9-35 所示，板长 1300cm。

具体建模过程如下。

1）利用 LINE 命令或 PLINE 命令绘制中板断面图形。

2）使用 REGION 命令将断面图形生成 3个面域。

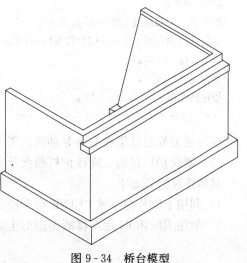

图 9-34　桥台模型

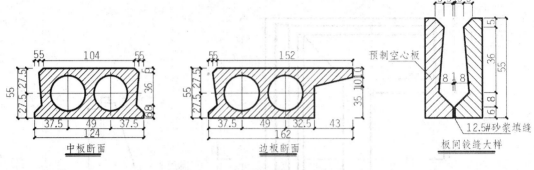

图 9-35　预应力空心板断面图

3）使用 SUBTRACT 命令将两个圆面从中板外轮廓面域中减去。

4）将视图设置为东南等轴测视图，将生成的面域先绕 X 轴旋转 90°，再绕 Z 轴旋转 90°。

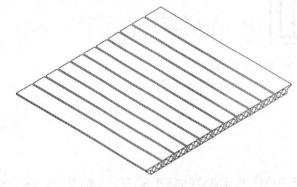

图 9-36　桥面空心板三维模型

5）使用 EXTRUDE 命令拉伸面域，拉伸高度为 1300。

6）使用三维阵列命令 3DARRAY，将中板平行复制 9 个。

7）重复以上步骤绘制边板，并使用三维镜像命令 MIRROR3D 将其复制到另一边。操作结束后，完成后的桥面板三维模型如图 9-36 所示。

（2）桥面铺装建模。桥面铺装简化为长方体，不考虑桥面横坡。用 BOX 命令创建如下。

```
命令：BOX↙
指定第一个角点或 [中心(C)]：0,0,0
指定其他角点或 [立方体(C)/长度(L)]：L↙
指定长度：1300↙
指定宽度：1350↙
指定高度或 [两点(2P)]：12↙
```

桥面铺装绘制结果在东南等轴测视图中如图 9-37 所示。

（3）刚性护栏建模。刚性护栏断面及安装位置如图 9-38 所示。

具体建模过程如下。

1）利用 LINE 命令或 PLINE 命令绘制护栏断面图形。

2）使用 REGION 命令将断面图形生成面域。

3）将视图设置为东南等轴测视图，将生成的面域先绕 X 轴旋转 90°，再绕 Z 轴旋转 90°。

4）使用 EXTRUDE 命令拉伸面域，拉伸高度为 1300，如图 9 - 39 所示。

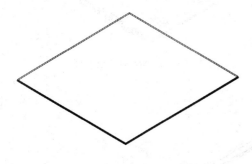

图 9 - 37　桥面铺装三维模型

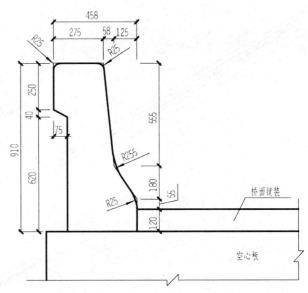

图 9 - 38　护栏断面图

护栏为左右对称结构，可以先创建一边的护栏，在组装时使用三维镜像命令 MIRROR3D 复制生成另一边护栏。

（4）桥梁上部结构组装。

1）先将桥面铺装叠放在空心板上，再将左侧刚性护栏与桥面板及桥面铺装拼装在一起，利用 MIRROR3D 命令，镜像生成右侧护栏。

命令：MIRROR3D↙
选择对象：(选择左侧护栏)
选择对象：↙
指定镜像平面（三点）的第一个点或
[对象(O)/最近的(L)/Z 轴(Z)/视图(V)/XY 平面(XY)/YZ 平面(YZ)/ZX 平面(ZX)/三点(3)]＜三点＞：zx↙
指定 ZX 平面上的点 ＜0,0,0＞：(用对象捕捉拾取桥面铺装沿宽度方向的中点)
是否删除源对象？[是(Y)/否(N)]＜否＞：↙

2）使用 UNION 命令将所有部件合成一个整体。

操作结束后，生成的桥梁上部结构三维模型如图 9 - 40 所示。

3. 全桥模型组装

桥梁各部分建模完成后，需要将各部分组装在一起，其中，由于两岸桥台结构尺寸相同，可以通过三维镜像命令 MIRROR3D 复制生成另一侧桥台。组装完成后的桥梁模型如图 9 - 41 所示。

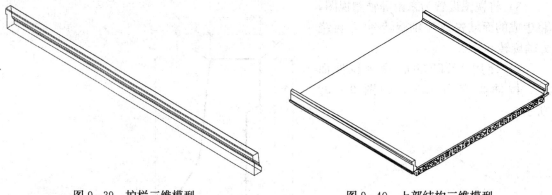

图 9-39　护栏三维模型　　　　　　　　图 9-40　上部结构三维模型

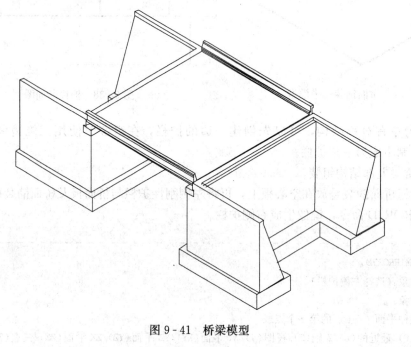

图 9-41　桥梁模型

参 考 文 献

[1] 张郃生. 公路 CAD [M]. 北京：机械工业出版社，2005.

[2] 郑益民，赵永平. 桥梁工程 CAD [M]. 北京：清华大学出版社、北京交通大学出版社，2006.

[3] 郭朝勇. AutoCAD 2008（中文版）建筑应用实例教程 [M]. 北京：清华大学出版社，2007.

[4] 张立明，闫志刚. AutoCAD 2008 道桥制图 [M]. 北京：人民交通出版社，2008.

[5] 樊琳娟. 工程制图 [M]. 北京：人民交通出版社，2005.

[6] 李振斌，刘华斌. 工程 CAD 技术及应用 [M]. 北京：中国水利水电出版社，2005.

[7] 阮志刚. AutoCAD 公路工程制图 [M]. 成都：西南交通大学出版社，2008.

[8] 孙世青. 建筑制图 [M]. 北京：科学出版社，2008.

[9] 神龙工作室. 新编 AutoCAD 2008 中文版从入门到精通 [M]. 北京：人民邮电出版社，2008.

[10] 符锌砂. 公路计算机辅助设计 [M]. 北京：人民交通出版社，2003.

[11] 王卫东，蒋红斐. 道路与铁道工程计算机辅助设计 [M]. 北京：机械工业出版社，2003.

[12] 钱敬平，黄永清. 计算机辅助设计（建筑类）[M]. 南京：南京大学出版社，2002.

[13] 许金良，张雨化. 公路 CAD 技术 [M]. 北京：人民交通出版社，1998.